メディカル介護シリーズ

爪切りはOK？　浣腸はNG？

介護職にできる「医行為でない行為」ビジュアルガイド

安全で正しい手順がイラストでまるわかり！

編著 ● 渡辺 裕美（東洋大学ライフデザイン学部教授）
著 ● 藤澤 雅子（淑徳大学短期大学部健康福祉学科教授）
　　 秋山恵美子（聖隷クリストファー大学社会福祉学部助教）
　　 大牟田佳織（株式会社メディカルプラネット専任講師）

MC メディカ出版

〈原則　医行為ではない行為〉

原則 医行為ではないと考えられる行為	注意する条件
体温計による体温測定 ・水銀体温計・電子体温計で、わきの下で測る ・耳式電子体温計で、外耳道で測る	
自動血圧計による血圧測定	
パルスオキシメータ（動脈血酸素飽和度測定）の装着	・新生児への装着はNG ・入院治療の必要がある人への装着はNG
軽微な傷や、やけどの手当て、汚物で汚れたガーゼの交換	専門的な判断や技術を必要とする処置はNG
皮膚への軟膏の塗布（褥瘡の処置を除く）	※①〜⑤の条件をすべて満たしているときはOK ①患者の条件 　入院治療外、容態安定、医師や看護職による連続的な観察や専門的な配慮を必要としない人 ②事前に本人または家族から依頼がある ③医師の処方で授与された医薬品である ④服薬指導が行われている ⑤看護職の保健指導・助言を遵守した医薬品の使用を介助する
皮膚への湿布の貼付	
点眼薬の点眼	
一包化された内服薬の内服（舌下錠の使用も含む）	
肛門からの坐剤挿入	
鼻腔粘膜への薬剤噴霧を介助	
異常がない爪の爪切り ・爪を爪切りで切る ・爪やすりをかける	爪に異常がなく、爪周囲の皮膚に化膿や炎症がない場合、糖尿病などの疾患に伴う専門的な管理が不要なときはOK
日常的な口腔内の清掃 ・歯ブラシ、綿棒、巻き綿子などを使う	重度の歯周病がある人に行うことはNG
耳垢の除去	耳垢塞栓（耳穴がふさがるほど）の耳垢除去はNG
自己導尿のカテーテル準備や体位の保持	カテーテルの挿入はNG
市販のディスポーザブル浣腸器での浣腸 ・成人用：40g程度以下 ・6歳〜12歳未満小児用：20g程度以下 ・1歳〜6歳未満幼児用：10g程度以下	挿入部の長さは5〜6cm程度以内
ストマ装具のパウチにたまった排泄物の処理	
ストマ装具のパウチ交換 注1)	ストマおよびその周辺の状態が安定している場合、専門的な管理が必要とされない場合にはOK

注1）これのみ2011年7月5日医政局発0705第3号"ストーマ装具の交換について"で追加で示された。
厚生労働省医政局通知「医師法第17条、歯科医師法第17条及び保健師助産師看護師法第31条の解釈について」（医政発第0726005号、2005年7月26日）をもとに作成

序 ●「医行為」と「医行為でない行為」について

● 医行為とは

　医行為は、医師だけが行うことができる業務独占行為ですが、法律に具体的な行為が列挙されている訳ではありません。「医師の医学的判断および技術をもってするのでなければ、人体に危害を及ぼし、または危害を及ぼすおそれのある行為」と理解されています。

● 医行為でない行為とは

　高齢者介護・障害者介護の現場では、この「医行為」の範囲が、不必要に拡大解釈されていました。そのため、介護職が爪を切るのは医行為か、介護職が目薬をさしてよいのか、排便で汚れたガーゼを交換してよいのかなど、どこまでを介護職が行ってよいのか迷うことも多く、わからないことは行えないという現状がありました。そこで、このような状況を改善するために、厚生労働省は「原則　医行為ではないと考えられる行為」を通知で示しました（原文は 92 ページ）。

　この通知を読み、「介護職が簡単な医行為ができるようになった」と理解している人がいますが、それは誤りです。介護職の職務が広がったわけではありません。現場で介護職が行えるかどうかを判断する基準として、「一定の条件を満たしていれば」「原則」「医行為ではない」と解釈される行為を例示した通知であり（左表）、あくまでも「原則」です。

　医行為ではない行為を理解するための重要ポイントを、以下にまとめておきます。

> 本書に「医行為ではない行為」として書いてあるからＯＫ、と短絡的に思い込まないでください。医行為であるかないかは、個別に、具体的に判断する必要があります。

　病状が不安定な人や専門的な管理が必要な人の場合には、同じ行為が「医行為」とされることもあります。厚生労働省の通知には、条件や行為要件が細かく示されています。いつでも、どんな状況でも、介護職が行えるわけではありません。

　例えば、薬を飲み忘れがちな人に"一包化された内服薬の服薬介助"をすること

は「医行為ではない」としても、食事や水分を口から飲めず、少し体を起こすと呼吸が乱れる人に対して"一包化された内服薬の服薬介助"をすることは、「医行為」となりえます。また、汚物で汚れたガーゼを交換することは「医行為ではない」ので介護職が行うとしても、皮膚が赤く腫れて熱感がある場合は、診断と何らかの処置＝医行為が必要です。ガーゼ交換だけでは済みません。

> 医師や看護職との連携が前提です。その人に「医行為ではない行為」を行ってよいかを医療職に確認し、気になることは勝手に判断せず、医療職に相談します。看護師が配置されている福祉施設では、看護師が医療職としての役割をきっちり担うことが前提となっています。

「医行為ではないから大丈夫、簡単だから任せて」と、介護職だけで判断し、勝手に引き受けてはいけません。医師や看護職との連携チーム体制をつくり、介護職が、誰に対して、どのような状況下で、どの範囲の「原則　医行為ではない行為」を行うのかを確認しましょう。

介護職は適切な観察を行い、何か気になることがあれば、すぐに医療職に報告し、適切な医療を受けられるようにバトンタッチしていく必要があります。

一定の条件下での服薬介助は、介護職が行うこともできますが、通知には「福祉施設での医薬品の使用の介助については、看護職によって実施されることが望ましい」と明記されています。医療職には医療職の職務があります。何でも介護職が引き受けないようにしましょう。

> 安全に行うためには、正しい知識や技術を学ぶための教育・研修・訓練が必要です。

「原則　医行為ではない行為」も、安全確保が何よりも大切です。介護職が業務として「原則　医行為ではない行為」を担うに当たっては、事前に、正しい知識や技術を学ぶための研修や訓練が望ましいことはいうまでもありません。

＊

本書は、「原則　医行為ではない行為」について、イラストでわかりやすく手順を説明するビジュアルガイドです。本書がテキストとなり、介護現場の迷いが払しょくされ、利用者の生活を支える知識や技術の幅が広がって、皆さんに役立つことを願っています。

CONTENTS

| 序 | 「医行為」と「医行為でない行為」について……………………… 3 |

第1章　バイタルサインの測定

- 1−1　体温測定……………………………………………………… 8
- 1−2　血圧測定……………………………………………………… 12
- 1−3　パルスオキシメータの装着………………………………… 16
- コラム　脈拍測定………………………………………………… 19

第2章　傷などの処置と薬の使用

- 2−1　軽微な切り傷、擦り傷、やけどなどの処置………………22
  - 軽い傷（切り傷、擦り傷）の手当て…………………… 24
  - やけどの手当て……………………………………………… 27
- コラム　OK！　汚物で汚染したガーゼの交換………………… 28
- 2−2　皮膚への軟膏の塗布………………………………………… 29
- 2−3　湿布薬の貼付………………………………………………… 34
- 2−4　点眼薬の点眼………………………………………………… 37
- 2−5　一包化された内服薬の服薬介助…………………………… 40
  - 一包化された内服薬の場合……………………………… 41
  - 舌下錠の場合……………………………………………… 44
- 2−6　坐剤（坐薬）の挿入………………………………………… 46
- 2−7　浣腸…………………………………………………………… 50
- コラム　排便を促進するケア…………………………………… 55
  - NG！　介護職に認められていない医薬品の介助（医行為となるもの）……56

第3章　整　容

- 3－1　爪切り……………………………………………………………………60
- 3－2　口腔ケア…………………………………………………………………63
  - 歯みがき……………………………………………………………65
  - 入れ歯（義歯）の清掃……………………………………………68
- コラム　口腔機能を向上させるマッサージと体操…………………………71
- 3－3　耳垢の除去………………………………………………………………73
- コラム　鼻腔粘膜への薬剤噴霧の介助………………………………………76

第4章　その他の医行為でない行為

- 4－1　ストマ装具の交換・排泄物処理………………………………………78
  - パウチの排泄物の処理……………………………………………80
  - ストマ装具の交換…………………………………………………83
- 4－2　自己導尿の補助…………………………………………………………87
  - カテーテル挿入の準備・後片づけ（介護職の補助ＯＫ）……89
  - カテーテルの挿入・排尿（介護職による実施はＮＧ）………91

付　医師法第17条、歯科医師法第17条
　　及び保健師助産師看護師法第31条の解釈について………………………92

第1章 バイタルサインの測定

バイタルサイン、すなわち生命徴候（生命＝Vital、徴候＝signs）は、一般的に体温、脈拍、呼吸、血圧を指します。これらは手軽に測定でき、利用者の健康状態を知る上で大切な情報となりますが、誤った測定方法では正確な値を得ることができず、身体の異常を見逃してしまうことにもなりかねません。正しいやり方・手順で測定できるよう、基本をしっかりと身につけましょう。

1・1 体温測定

OK！ | 原則として医行為ではない

水銀体温計・電子体温計により腋窩（わきの下）で体温を測定すること、および耳式電子体温計により外耳道で体温を測定すること

NG！ | 医療職に依頼

測定した体温をもとに、正常と異常、ケアの可否などの判断を行うこと

基礎知識

● 平熱を把握しておくことが大切

　人間の体温は、体温調節中枢の働きによって熱の産生と放散の調整が行われ、一定の範囲内であれば、環境温度が変化しても体温はほぼ一定（36～37℃付近）に保たれています。そのため、体温に変化が見られたら、身体に異常が起こっている可能性があります。

　体温は、運動・食事・入浴・精神的興奮などの影響を受け、一定の範囲内で変動します（<u>生理的変動</u>）。また、睡眠中である午前2時～朝6時ごろが低く、活動中の午後3時～夜8時ごろが高くなるなど、1日の中でも変動（<u>日内変動</u>）します（正常な日内変動は1℃未満）。

　高齢者は、体温調節機能の低下や基礎代謝の低下などの原因によって、成人よりも体温が低いのが一般的です。しかし、平熱には個人差があり、体温の正常・異常の判断はその人の平熱を基準に考えますので、<u>日ごろから利用者の平熱を把握しておくこと</u>がとても大切です。

〈体温計の種類と特徴〉

		測定時間のめやす	使用時の注意
水銀体温計	（感温部）	約10分	水銀が途中で切れていないか、水銀が35℃以下に下がっているか確認する
電子体温計	（感温部）	予測式：「ピピッ」とアラームが鳴るまで。15～20秒 実測式：約10分	ケースから体温計を取り出し、スイッチを入れてみて、作動を確認する
耳式電子体温計	（表示部／スイッチ／プローブ／赤外線センサー）	1～数秒	耳の中が濡れていると正しく測定できない。耳垢がある場合は取り除いておく

第1章 ● バイタルサインの測定

| 手 | 順 | ● わきの下で測定する場合 |

1. 利用者に体温測定をすることを説明し、了解を得ます

了解を得たら、体温計を準備します（左下の表参照）。その間、わきを閉じて安静にしてもらいます。

2. 利用者の体位を整え、体温計をわきの下に挿入します

わきの下に汗をかいている場合は、衣服の襟元をゆるめて、乾いたタオルで汗を拭きます（汗が乾く時の気化熱により体温が奪われ、低く測定されるのを防ぐため）。測定は、原則として、毎回同じ側で行います。麻痺がある場合は、健側で測定します。

わきの下のくぼみ中央部に当て、正しく測定する

- ●体温計は、下から上へ45度位の角度で挿入
- ●感温部（体温計の先端）が、わきの下中央部に当たるように

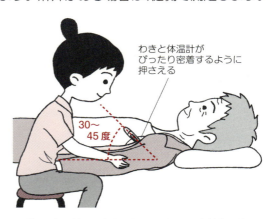

わきと体温計がぴったり密着するように押さえる

30～45度

- ●体温計の位置がずれないよう、反対側の腕で押さえてもらう（利用者が押さえられない場合は、介護者が軽く押さえる）

3. 10分後（または測定終了の電子音が鳴ったら）体温計を取り出します

実測式の場合は、測定時間は10分がめやすです。
予測式（アラーム機能付き）の電子体温計は、「ピピッ」とアラームが鳴るまで待ちます。

4. 利用者の衣服を整え、体温計を片づけます

体温計の感温部をアルコール綿（消毒綿）で拭き、ケースに戻します。

5. 測定結果を記録します

測定時刻、体温、測定部位、その他必要事項を記録します。

手順 ●耳で測定する場合

1. 利用者に体温測定をすることを説明し、了解を得ます

了解を得たら、耳式体温計の作動を確認します。

2. 利用者の体位を整え、耳の中を確認します

なるべく座位で行います。
耳の中が濡れていると正しく測定できないため、綿棒などでそっと水分を取ります。
耳垢がある場合は取り除きます（73ページ参照）。

3. 体温計のスイッチを入れ、プローブを耳の中に挿入します

外耳道がまっすぐになるように、耳介（じかい）（耳の穴を囲んでいる顔の横の突起部。73ページ参照）を斜め後ろにやさしく引き、耳式電子体温計のプローブ先端を鼓膜に向けることを意識しながら、まっすぐ奥まで挿入します。
正しい位置に挿入したら測定ボタン（スタートボタン）を押します。

〈挿入のしかた〉

挿入する際は耳介を
やさしく斜め後ろに引く

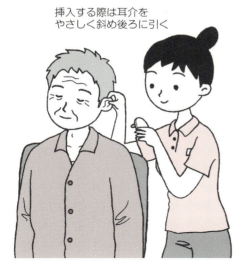

〈耳の構造〉

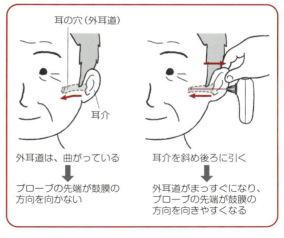

- 耳介を引っ張ると耳の穴（外耳道）がまっすぐになり、プローブ先端の赤外線センサーが鼓膜の方向を向きやすくなる

4. 測定終了の電子音が鳴ったら、プローブを耳からはずします

測定時間のめやすは1～数秒です。利用者に測定終了を伝えます。

- 使い捨てプローブカバーを使用した場合は破棄する
- プローブカバーがない場合は、プローブをアルコール綿（消毒綿）で拭く

5. 測定結果を記録します

測定時刻、体温、測定部位、その他必要事項を記録します。

1・2 血圧測定

OK！ | 原則として医行為ではない
自動血圧計により、血圧を測定すること

NG！ | 医療職に依頼
測定した血圧をもとに、正常と異常、ケアの可否などの判断を行うこと

基礎知識

● 血圧について

　血圧とは心臓から送り出された血液が血管壁に及ぼす圧のことで、収縮期血圧（最高血圧）と拡張期血圧（最低血圧）があり、心臓や血管の機能を反映します。

　血圧には個人差があり、1日の中でも変動がみられます。また、年齢・性別にも影響され（高齢者は収縮期血圧が高い傾向がある）、室温・体位・入浴・運動・不安やストレス・痛みなどのほか、食べ物や飲んでいる薬にも影響されます。測定時の利用者の状態だけでなく、日ごろから利用者の日常生活の状況をよく知った上で、正しく測定することが大切です。

〈血圧の生理的変動〉

因　子	血圧の変化	因　子	血圧の変化
室温	↓（室温が高い時） ↑（室温が低い時）	日内変動	↑（昼間） ↓（夜間）
運動	↑	精神的ストレス・興奮	↑
入浴	↓（入浴後）	飲酒	↓（一時的）
食事	↑	体位	立位＜座位＜臥位（収縮期血圧）
喫煙	↑		

＜血圧測定前のチェック事項＞

□部屋の温度は適温か

□食事・入浴・運動直後ではないか

□イライラしたり、興奮したりしていないか

□排便・排尿を我慢していないか

● 成人における血圧値の分類

成人の至適血圧（もっとも望ましい血圧）は 120 ／ 80 mm Hg 未満（収縮期血圧／拡張期血圧）、そして正常血圧（問題のない血圧）は 130 ／ 85 mm Hg 未満、高血圧は 140 ／ 90 mm Hg 以上とされています。

〈成人における血圧値の分類（mmHg）〉

	分類	収縮期血圧		拡張期血圧
正常域血圧	至適血圧	＜ 120	かつ	＜ 80
	正常血圧	120-129	かつ／または	80-84
	正常高値血圧	130-139	かつ／または	85-89
高血圧	Ⅰ度高血圧	140-159	かつ／または	90-99
	Ⅱ度高血圧	160-179	かつ／または	100-109
	Ⅲ度高血圧	≧ 180	かつ／または	≧ 110
	（孤立性）収縮期高血圧	≧ 140	かつ	＜ 90

日本高血圧学会．高血圧治療ガイドライン2014. p.19より

● 上腕測定式自動血圧計

自動血圧計（電子血圧計）には上腕式、手首式、指式があります。最もよく使われるのは上腕測定式自動血圧計です。

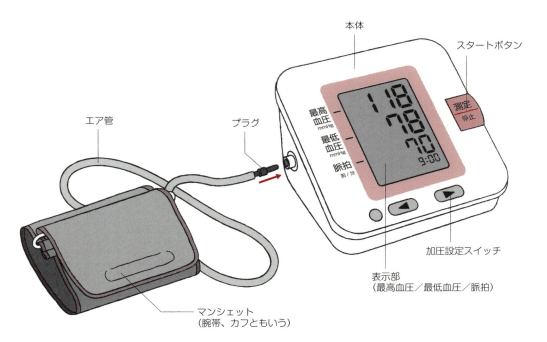

| 手 | 順 | ● 上腕測定式自動血圧計で測定する場合 |

1. 必要物品を準備し、血圧計の作動確認をします

①加圧設定スイッチを確認します。
　血圧が高いのに、設定が低いとエラーになります。一方、必要以上に設定を高くすると、うっ血*の原因になるので、利用者の日常の血圧によって調整します。
②エア管の先のプラグを本体に接続します。
③感染防止のため、マンシェットをアルコール綿（消毒綿）で拭きます。

*血液の流れが妨げられ、静脈の一部に血液がたまった状態。

2. 利用者に血圧測定をすることを説明し、了解を得ます

測定はできるだけ座位で行います。
マンシェットは素肌に巻きつけるのが原則です。
リラックスしてもらうため、深呼吸を促しましょう。

- ●長袖を着ている場合は、測定側の袖をたくし上げるか、服の片袖を脱いでもらう
- ●上腕を締めつける衣服は脱いでもらう

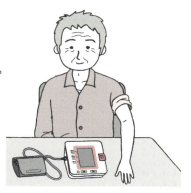

3. マンシェットを上腕部の正しい位置に巻きます

血圧測定は、いつも同じ側の腕で測定します。麻痺、傷、痛み、むくみのある腕、シャント部や点滴などで針が入っている方の腕は避けて測定します。

- ●測定する側の手の平を上にする
- ●巻く位置は、マンシェットの端が肘関節の内側（肘が曲がるところ）から1〜2cm 上にくるところ
- ●マンシェットは、指が1〜2本入る程度の強さに巻きつけて、しっかりと固定する

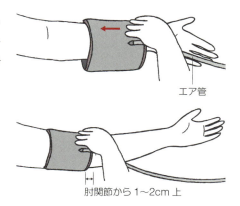

エア管

肘関節から1〜2cm 上

4. 利用者の姿勢とマンシェットの位置を確認します

マンシェットと心臓が同じ高さになるように、位置を調整します。

〈座位の場合〉
- 肘を軽く曲げて、テーブルの上などに置く
- 高さが心臓と同じになるよう、必要に応じて、タオルや肘枕を使って高さを調整する（重力の影響で、腕が心臓より高いと測定値は低く、腕が心臓より低いと測定値は高くなる）

〈仰臥位の場合〉
- 腕は、体の横につけた状態でまっすぐに伸ばす

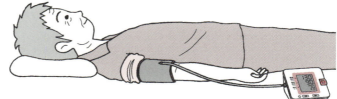

5. 本体のスタートボタンを押して、測定を開始します

スタートボタンを押すと自動的に加圧され、測定が終了すると、表示部に数値が表示されます。

測定中はなるべく話しかけたりせず、腕や体を動かさないようにしてもらいましょう。

血圧が高いなど、平常値と異なるときは、利用者にリラックスして休んでもらい、5～10分後に再度測定します。

6. マンシェットをはずし、利用者の衣服を整えます

血圧計を片づけます。
測定時刻、測定値、その他の必要事項を記録します。

1・3 パルスオキシメータの装着

OK! | 原則として医行為ではない

新生児以外の者であって入院治療の必要がない人に対して、動脈血酸素飽和度を測定するため、パルスオキシメータを装着すること

NG! | 医療職に依頼

新生児、もしくは入院治療の必要がある人へのパルスオキシメータの装着

基礎知識

○ 動脈血酸素飽和度とパルスオキシメータ

呼吸によって肺の中に取り入れられた酸素は、血液中のヘモグロビンと結合して全身に運ばれます。ヘモグロビンが酸素と結合している割合を示すのが酸素飽和度です。

パルスオキシメータは、指先に装着し、血液中の酸素飽和度（動脈血酸素飽和度：SpO_2（エスピーオーツー））を測定する機器です。呼吸器系の疾患のある人に装着することが多く、呼吸状態や体の中の酸素の状態を知るのに役立ちます。

動脈血酸素飽和度は●%と表示され、SpO_2が96〜100%であれば、問題のない状態だといえます。酸素飽和度の数値は、病気や身体の状態によって一人ひとり異なりますが、呼吸器疾患のある人は酸素を十分に取り込めないため、値が平均値より低くなっている人もいます。測定値が通常よりも低い場合や、90%以下のときは、すぐ医療職に連絡しましょう。

○ 装着する際の注意

パルスオキシメータは、指先の毛細血管に光を当てて測定するため、指先の汚れやマニキュア、強い日差しなどがあると、正確な測定ができないので注意が必要です。

<パルスオキシメータ装着前のチェック事項>

☐ 装着する指先（指の腹）が汚れていないか
☐ 装着する指の爪にマニキュアを塗っていないか
☐ 衣服で手首が締めつけられていないか
☐ 極端に指先が冷えていないか
☐ 強い日差しが直接当たる場所での計測ではないか
☐ 近くで電磁波が発生する機器（テレビ、ラジオ、携帯電話）を使用していないか

手順

1. 利用者にパルスオキシメータを装着することを伝え、了解を得ます

パルスオキシメータが正しく作動するか、バッテリー不足などはないかを確認します。

2. 利用者の体勢を整えます

座位または仰臥位で測定します。

3. 計測部の指の状態と、周囲の状況を確認します

通常は、利き手の人差し指で測定します。
指や爪の状態、周囲の状況を確認します（左下「パルスオキシメータ装着前のチェック事項」参照）。

・麻痺や痛みのない指を選びます。
・マニキュアを塗っている指や、爪が極端に変色している指は避けます。
・指の汚れやハンドクリームなどは、ウエットティッシュやタオルで拭き取ります。
・強い日差しが当たっている場合は、椅子の位置をずらす、カーテンを閉めるなどで環境を整えましょう。
・手や指が冷えているときは、温かいタオルなどで少し温めて、血流が改善してから測定します。

4. パルスオキシメータを指先に装着します

グリップ部をつまみ、指挿入部に測定する指を挿入します（次ページのイラスト参照）。
測定中は指を動かさないように利用者に伝えます。

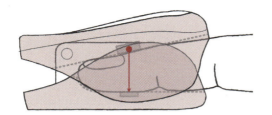

- 発光部が爪の根元に当たるように、奥まできちんと指を挿入する
- 手や指が震える人や、どうしても動いてしまう人は、指の側面からやさしく固定する

5. 数値が落ち着くのを待ち、正しく測定できたことを確認します

装着すると自動的に測定が始まり、通常は10数秒程度で測定値が表示されます。10秒ほど待っても数値が表示されない場合は、別の指で再計測してみましょう。

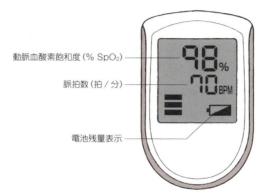

動脈血酸素飽和度（% SpO_2）
脈拍数（拍／分）
電池残量表示

- 測定値が表示されてすぐではなく、20～30秒後の安定した値を読み取るのが基本

6. パルスオキシメータをはずして、片づけます

パルスオキシメータの指をはさむ部分を、アルコール綿（消毒綿）で軽く拭いてから片づけます。
測定時刻、測定値、その他の必要事項を記録します。

脈拍測定

　年々、施設や在宅において医療ニーズの高い利用者が増加し、介護職が利用者のバイタルサインを測定する機会も増えています。脈拍測定は、介護職が行える行為として厚生労働省の通知に示されていませんが、医療者が不在で脈拍を測定しなければならない状況も起こりうるため、基本的な測定方法を簡単に説明します。

　日常的に最もよく用いられるのが**橈骨動脈**(とうこつ)（手首の親指つけ根あたりを走行）での測定です。**総頸動脈**（のどの軟骨の両側あたりを走行）は、急変時や意識障害のある人の脈拍確認・測定に用いられます。

＜基礎知識＞

　心臓が収縮すると大動脈に血液が送り込まれ、大動脈の内圧が高くなります。この圧力の高まりが末梢の動脈に伝わったものを、脈拍として触れることができます。

　通常、脈拍数は成人の場合 60〜90 回／分で規則的に触れます。成人の場合、脈拍が 100 回／分以上を**頻脈**といい、60 回／分以下を**徐脈**といいます。

　脈拍は年齢によって変化し、新生児が一番多く（120〜140 回／分）、成長とともに減少し、高齢者になると 50〜70 回／分位になります。また、脈拍は運動・食事・入浴・ストレスでも変動し、発熱や貧血、甲状腺機能亢進症があると増加するなど、病気によっても変化します。

　脈拍数の異常、脈のリズムが乱れているとき（**不整脈**）は、医療者に報告しましょう。

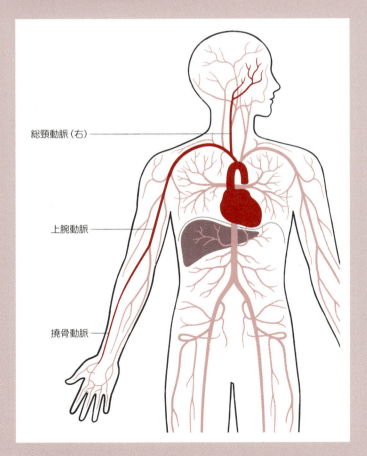

| 手順 | ●橈骨動脈での測定 |

1. 利用者に脈拍を測定することを説明し、了解を得ます

時計（秒針のついているもの）またはストップウオッチを用意します。
測定者の手が冷たいときは、あらかじめ手を温めておきましょう（冷たい手で、利用者に触れないように）。

2. 橈骨動脈に3本の指で軽く触れます

橈骨動脈は、母指（親指）側の手首のあたり、関節の近くで触れることができます。
測定者の示指（人差し指）・第三指（中指）・環指（くすり指）の3本の指の腹を軽く上からあて、母指で手首を下から支えます。

〈脈をとるときの指の位置〉

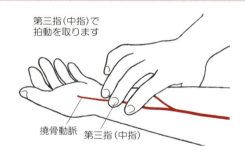

● 血管を強く押さえると、血流が途絶えてしまう可能性があるので、3本の指は軽くあてる

3. 脈拍をしっかり感じたら、測定を始めます

脈拍数を1分間測定します。

 脈拍が規則的な人の場合

30秒間測定した回数を2倍して、測定値にする場合もあります。
（脈拍が規則的で、30秒間に30〜45回の場合⇒1分間に60〜90回）

第 2 章

傷などの処置と薬の使用

日常生活では珍しくない、ちょっとした擦り傷や切り傷、軽いやけども、疾患や服用している薬によっては、思いがけない重篤な事態につながることがあります。また、外用薬や内服薬の介助にも、介護職が行ってよいことと、行えないことがあります。「簡単な手当てだから」とタカをくくらず、判断基準を確認するとともに、正しい方法で行えるように基本をしっかり学んでおくことが大切です。

2・1 軽微な切り傷、擦り傷、やけどなどの処置

OK! | 原則として医行為ではない

軽微な切り傷、擦り傷、やけどなどについて、専門的な判断や技術を必要としない処置をすること（汚物で汚れたガーゼの交換を含む）

NG! | 医療職に依頼

深い傷や動物に噛まれた傷、顔のやけど、範囲が広いやけどなど、軽微でない傷ややけどの処置、および糖尿病など注意が必要な人への処置。
褥瘡の処置

介護職が行う傷の手当ては、傷口を清潔にし、感染を防ぐことが第一の目的です。介護職が手当てできる「軽微な傷」は、一般的に家庭で処置ができる軽い傷ですが、処置方法によっては感染が起こることもありますので、傷口を清潔にし、悪化を防ぐようにしましょう。

基礎知識

〈傷の種類と介護職の対応〉

種類	どのような傷か	介護職の対応
切り傷	包丁やガラスなどで切った傷	傷口が浅い場合には手当てできる
擦り傷	表皮をすりむいた傷	傷口が浅い場合には手当てできる
刺し傷	尖ったものが皮膚に突き刺さった傷	傷口は小さいが深さの判断が難しいため、異物が抜けたとしても医療機関を受診したほうがよい
噛み傷	犬や猫に噛まれた傷	傷が深く、感染の危険性が高いため受診したほうがよい
水ぶくれ（水疱）	摩擦と圧迫によってできる傷（靴ずれなど）	手当てできる。水疱を破らないようにする ＊やけどによる水疱、褥瘡を除く
やけど（熱傷）	湯や油等の温熱作用によってできる傷	範囲が狭く、皮膚がひりひりする程度であれば手当てできる。それ以外の状態であれば受診したほうがよい

● 注意が必要な利用者

使用している薬や疾患によっては、軽微な傷でも、出血が止まりにくかったり、治りにくいことがあります。次のような利用者の場合は、医療職と連携をとり、対応について事前に取り決めをしておきましょう。

・抗凝固薬を服用している利用者
　動脈硬化、心疾患、脳血管障害などの患者に処方される抗凝固薬（ワーファリンなど）は、血液を固まりにくくし、血栓（血の塊）ができるのを防ぐ薬です。この薬を服用していると、軽微な傷であっても出血が止まらないことがあるので、傷の手当ての後しばらくは、血がにじんでいないかを観察してください。出血が続く場合には医療機関を受診しましょう。

・糖尿病の利用者
　糖尿病で血糖が高い状態では、細菌などと戦う力が弱まったり、血液の流れが悪くなったりします。そのため、傷が治りにくく、感染しやすくなります。糖尿病の利用者が傷ややけどを負った場合には、必ず医療職に連絡しましょう。

気をつけたい症状

　軽い傷や、やけどであっても、感染が起こることがあります。よく観察し、腫れ、痛み、皮膚の赤み、熱感などの症状が見られたら、医療職に連絡しましょう。

〈傷から感染して起こる重篤な感染症〉

感染症	蜂窩織炎（ほうかしきえん）	破傷風（はしょうふう）
原因・特徴	傷口から入り込んだ細菌の感染が、皮膚の深い部分にまで広がり炎症を起こす、化膿性の細菌感染症。命に関わることもある。	土の中の破傷風菌に感染して起こる。潜伏期間は3日〜3週間。日本では年間50件ほど報告され、致死率は感染者の2割以上と高い。次のような状況で負った傷は、軽い傷でも医療職に連絡する。 ・木片や釘などによる刺し傷 ・動物による噛み傷 ・土や泥がついた傷　など
主な症状	・広い範囲の皮膚が、赤く腫れている ・熱感がある ・痛みを伴う ・水疱、悪寒、発熱、頭痛など	・口を開けにくくなり、食事の摂取が難しくなる ・筋肉のこわばりが首のあたりから始まる ・寝汗や歯ぎしりなど

| 手 | 順 | ●軽い傷（切り傷、擦り傷）の手当て |

1. 手を洗います

必ず石けんを使い、水道水で洗い流しましょう。
介護職の手指に汚染があると、傷口から感染してしまうことがあります。

2. 傷口を水で洗い流します

流水で、傷に付着している細菌を洗い流すことで、傷の治りが早くなります。
消毒薬は、傷の治りを妨げるため原則として使用しません。

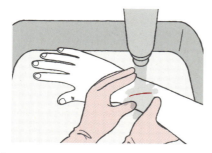

- ●傷口に異物が入り込んでいる場合は、少し強めの流水で洗い流す。流水でとれない場合、無理には取り除かず、医療職に連絡する
- ●移動が難しい場合は、やかんやペットボトルなどに水道水を入れて、その場で洗い流す。周囲が汚染しないよう、ビニール袋や吸収シート、新聞紙などを使用するとよい

3. 傷口の水分を拭きとります

清潔な不織布＊などで、水分を軽く拭きとります。こすらず、上から軽く押さえるように、やさしく拭き取りましょう。
傷口を手で触ると感染する恐れがあるので、触らないようにしましょう。

＊布と紙の中間のような、繊維を織らずに処理したシート状のもの。

4. 出血している場合は、止血します

清潔なガーゼやタオル、不織布などで傷口を押さえて圧迫止血します。手で直接傷に触れないよう、使い捨ての手袋やビニール袋を使用しましょう。
2〜3分たっても血が止まらない場合は、医療機関を受診しましょう。

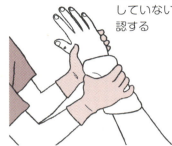

● 止血に使用したガーゼなどの繊維が傷口に付着していないか確認する

5. 傷口を保護します

市販の絆創膏や透明のフィルムなどを使用して、傷口を保護します。
・絆創膏は、傷口よりひとまわり大きいものを使用します。
・傷口に直接ガーゼを当てると、傷口が乾燥し、治癒に時間がかかることがあるので、傷口を乾燥させないようにしましょう。

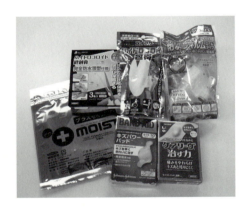

 プラスα　数分経っても、絆創膏などに血がにじんでくるとき

ガーゼなどを絆創膏の上から当てて圧迫します。その際は、使い捨て手袋を使用しましょう。
・1〜2分間押さえても血がにじんでくる場合には、医療職に連絡します。
・長時間圧迫すると血流が途絶えることもあるので、皮膚の色が変化していないか、冷たくなっていないか、知覚の変化はないかなどを観察しましょう。

湿潤療法
（モイストヒーリング療法、潤い療法）

ひと昔前まで「傷は乾かして治す」という考え方が主流でしたが、近年は、逆に傷口を乾かさないように閉塞し、人間が本来持っている自然治癒力を引き出し、傷を内側から治していく「湿潤療法」が、一般家庭にも普及し始めています。
　湿潤療法は傷の治りが早く、傷あとも残りにくいとされていますが、自己判断での実施は避け、医師の判断・指示を受けて行いましょう。

基礎知識

● やけどの深さと症状

やけどには、高温の液体や固体などによるものと、比較的低温で起こるいわゆる「低温やけど」があります。

やけどは、皮膚のどこまでが損傷を受けているか（深さ）によって、Ⅰ度からⅢ度に分類されています。介護職が手当てを行えるのは、範囲が狭く、皮膚がひりひりする程度の軽いやけどに限られます。

〈やけどの分類〉

分類		深さ	症状	治癒
Ⅰ度	Ⅰ度 表皮	表皮にとどまる	赤くなり、痛い	数日 傷あとは残らない
Ⅱ度 （浅い）		真皮中層まで達する	水疱ができ、痛い	1～3週間 傷あとは残らない
Ⅱ度 （深い）	Ⅱ度 真皮	真皮深層に達している	水疱ができ、痛くない	3～4週間 傷あとが残る
Ⅲ度	Ⅲ度 皮下組織	皮下組織まで達する	黒色、褐色または白色。水疱はできず、痛くない	1カ月以上 傷あとが残る

● 低温やけどとは

低温やけどは、カイロ、湯たんぽ、電気毛布などの熱源に、皮膚の同じ部分が長い時間接触することで起こります（皮膚温が44℃で3～4時間、46℃で30分～1時間、50℃では2～3分で低温やけどになるといわれる）。最初は患部が赤くなり、ヒリヒリ痛みますが、1日ほど経ってから水疱ができたり、白っぽくなったりします。

低温やけどは、冷やしても効果はありません。見た目が軽く見えても重症の場合があるので、早めに医療機関を受診しましょう。

〈低温やけどの特徴〉

特徴	・やけどに気づきにくい。皮膚の深いところまで損傷が及んでいても、見た目は軽いやけどのように見え、気づかないこともある ・皮膚の奥深くでゆっくり進行し、通常のやけどより治りにくい
低温やけどになりやすい人	・高齢者、糖尿病の人、知覚麻痺や運動麻痺がある人、寝返りができない人など
低温やけどを防ぐ方法	・熱源を直接肌にあてない。熱源を一カ所に長時間あてない ・就寝時には湯たんぽを布団から出し、電気アンカ、電気毛布はスイッチを切る ・カイロが当たっている部位はサポーターなどで圧迫しない　など

手順 ●やけどの手当て

1. すぐに水で冷やします

利用者の状態を見ながら、患部に水道水を5〜20分間流し続けましょう。
冷やすことでやけどの進行をふせぎ、痛みをやわらげます。

- 水をかけ続けることで、体温が低くならないように注意
- 手指をやけどしたときは、指輪はすぐにはずす。時間がたつと指が腫れて、はずせなくなってしまうことがある

◯ 衣服を着ている場合

衣服は脱がず、衣服の上から直接水で冷やします。
衣服を脱がせると、患部の皮膚がはがれる恐れもあります。

◯ 水疱ができている場合

水疱はやけどの傷口を保護しているので、破れないように気をつけましょう。
水疱がやぶれた場合は、医療機関を受診します。

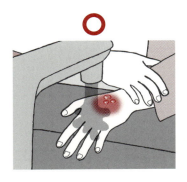

- 冷やす際に、水の勢いが強すぎたり、直接流水がかかると、水疱が破れることがあるので注意する

● 移動できない場合

やかんやペットボトルを使って、その場で冷やします。

● 顔や頭のやけど

シャワーなどで水をかけて冷やします。
流水がかけられない場合は、冷たい水で冷やしたタオルを当てます。

・氷や氷のうを直接当てると、冷えすぎて凍傷になることがあるので、タオルにくるむなどして調節しましょう。
・顔面のやけどの場合は、狭い範囲であっても、医療機関を受診したほうがよいでしょう。

2. 医療職に連絡します

冷やした後の対応は、医療職と連携して行いましょう。
介護職の判断で、消毒薬や軟膏を使用してはいけません。

味噌やアロエなどを塗るのもNG！

OK! 汚物で汚染したガーゼの交換

臀部周辺の褥瘡部は、排せつ物で汚れる可能性があります。
介護職は、「褥瘡の処置」を行うことはできませんが、「汚物で汚染したガーゼの交換」は行うことができます。
ガーゼの汚れに気づいたときは、交換して清潔にし、感染を防ぎましょう。

＊褥瘡部のガーゼ交換は、褥瘡の処置の際に医師または看護師が行いますが、おむつ交換などの際、ガーゼに便がついているのに気づいたような場合、**応急処置として介護職が行える**ことになっています。
ただし、介護職が業務として繰り返し行うことはできません。
ガーゼを交換したら、医療職へ報告しましょう。

2・2 皮膚への軟膏の塗布

OK！ 原則として医行為ではない

皮膚への軟膏*の塗布

※ただし以下の条件をすべて満たす場合にかぎる
・容態が安定し、医師や看護職による連続的な観察や、専門的な配慮を必要としない利用者であること
・事前に本人または家族から依頼されていること
・医師から処方された医薬品であること
・医療職の指導に基づく実施であること

NG！ 医療職に依頼

褥瘡への軟膏の塗布

※OKとなる条件すべてを満たしていない場合もNG

＊軟膏剤（油性基材のもの、水を含まない）と、クリーム剤（乳性基材、油と水が混ざっている）、ローションを含む

軟膏は、湿疹、かぶれ、かゆみ、皮膚の乾燥、白癬（水虫など）など、さまざまな皮膚症状の治療に用いられる医薬品です。軟膏は、ただ塗ればよいわけではありません。医療職に塗り方や塗る量の指導を受けてから行いましょう。

基礎知識

〈主な軟膏の種類〉

種類	商品名	効能など
ステロイド剤	リンデロン®など	皮膚の炎症をおさえ、赤み、腫れ、かゆみなどの症状をやわらげる。湿疹や皮膚炎などの治療に使われる
非ステロイド抗炎症薬	フエナゾール®など	湿疹や皮膚炎の治療に使われる
抗菌薬	ゲンタシン®など	細菌の増殖を抑え、感染の治療に使われる（いわゆる化膿止め）
抗ヒスタミン薬	レスタミン®など	虫刺されや湿疹などのかゆみを和らげる
抗真菌薬	ニゾラール®など	白癬（水虫など）、カンジダ症などの治療に使われる
保湿剤	白色ワセリンなど	皮膚を保護し、乾燥を防ぐために使われる

● 皮膚の機能と老化に伴う皮膚の変化

〔皮膚の機能〕
- 衝撃を吸収し、体内の臓器を保護する
- 皮脂と汗を分泌し保湿する
- 感覚器としての機能（触覚、痛覚、温度覚）
- 脂肪組織による保湿、発汗による熱の放散により、体温を調節する
- 紫外線を吸収する

〔老化に伴う皮膚の変化〕
- 皮膚が乾燥する
- 皮膚が薄くなる
- 皮膚の弾力性が失われる
- しみやくすみが目立つようになる
- 血色が悪くなる
- 皮下脂肪が減少する
- 皮膚の感覚が鈍くなる

● 塗り薬の量

軟膏を塗る量のめやすとして使われる単位：**FTU**（Finger-Tip Unit）
フィンガー チップ ユニット
1 FTU ＝人差し指の先端から第一関節の長さ分

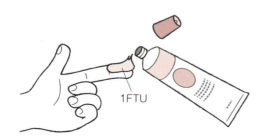

チューブの大きさ	1 FTU
25g チューブ	約 0.5g
10g チューブ	約 0.3g
5g チューブ	約 0.2g

- チューブの大きさによって、1FTUの実際の量（g）は異なる

- ローションの場合
  1円玉大＝1FTU

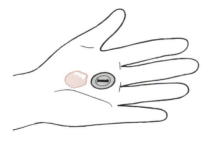

- 軟膏ツボ（容器に入った軟膏）の場合 量のめやすが異なるので、医療職に確認する

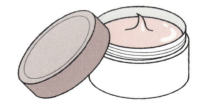

手順

1. 手を洗います

石けんと流水でよく手を洗いましょう。

2. 利用者の皮膚を清潔にします

前回塗った薬剤や汚れ、汗、ほこりを、乾いたタオルなどでそっと拭いて取り除き、清潔にしましょう。
洗浄綿やウェットティッシュ、拭き取りシートなどは、皮膚を刺激するので使用しません。

3. 塗布する薬を確認します

種類、使用量、使用期限、薬を塗る部位、塗る方法などを確認します。
使用量が少ないと効果が得られないことがあります。
軟膏の種類によっては、使用量が多すぎると副作用が起こることもありますので、指示通りに行いましょう。

4. 使い捨ての手袋を着けます

素手で軟膏を塗布すると、軟膏の成分が皮膚から吸収されることがあるので、使い捨て手袋を使用しましょう。

5. 軟膏を塗ります

どのような方法で塗布するかを医療職に確認し、決められた方法で塗布しましょう。

①やさしく塗る方法（単純塗布法）

軟膏を指の腹にとり、擦りこまず薄く塗ります。
擦りこんだり皮膚をこすったりすると、皮膚を刺激し、患部が悪化することがあります。

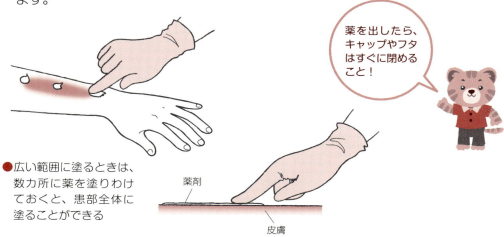

● 広い範囲に塗るときは、数カ所に薬を塗りわけておくと、患部全体に塗ることができる

薬を出したら、キャップやフタはすぐに閉めること！

②重ねて塗る方法（重層法）

ステロイド外用剤などの軟膏を単純塗布した上から、ワセリンや亜鉛華軟膏などを重ねて塗ります。リント布に塗って貼付する方法が一般的です。

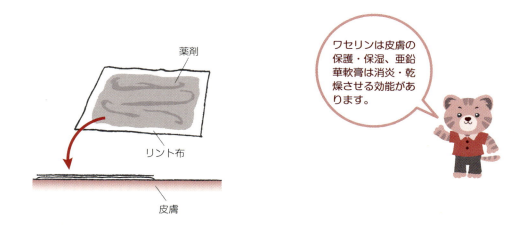

ワセリンは皮膚の保護・保湿、亜鉛華軟膏は消炎・乾燥させる効能があります。

③フィルムで覆う方法（密封療法）

ステロイド外用剤などの軟膏を塗った上から、ポリエチレンフィルムで覆って密封します。
単純塗布法や重層法より薬剤の効果が高まりますが、蒸れによる湿疹や感染が起こることがあります。患部をよく観察しましょう。

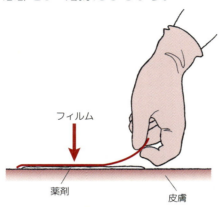

プラス+α 塗布する順序（複数の薬剤がある場合）

・医師や看護職から指示された順に塗布します。
・指示がない場合には、**「塗布する面積の広い外用薬から先に塗布する」**方法が一般的です。たとえば、ステロイド外用剤と保湿剤を併用する場合、保湿剤を先に塗布してから、必要な部位にだけステロイド外用剤を塗布します。

ごく少量を薄く伸ばす軟膏もあるので、種類や塗り方は医療職としっかり連携しよう！

2・3 湿布薬の貼付

OK! | 原則として医行為ではない

皮膚への湿布の貼付
※ただし以下の条件をすべて満たす場合にかぎる
・容態が安定し、医師や看護職による連続的な観察や、専門的な配慮を必要としない利用者であること
・事前に本人または家族から依頼されていること
・医師から処方された医薬品であること
・医療職の指導に基づく実施であること

NG! | 医療職に依頼

湿布以外の薬剤（経皮吸収型製剤など）の皮膚への貼付
※ OKとなる条件すべてを満たしていない場合もNG

湿布は痛みを和らげ、炎症を鎮め、患部の回復を早める効果があります。湿布薬は「薬の成分が入った貼り薬」ですので、処方された湿布薬を他の人に使用してはいけません。

基礎知識

〈冷湿布と温湿布〉

種類	特徴
冷湿布	・冷やすことで、熱感、腫れ、痛みを和らげる ・冷たさを感じさせるメントールなどが含まれる
温湿布	・皮膚の温覚を刺激し、血流を良くすることで、慢性の痛みを和らげる ・トウガラシエキス（カプサイシン）成分によってかゆみを生じることが多いので、皮膚の弱い人は注意が必要

〈湿布薬の種類〉

名称	特徴
パップ剤 （白くてブヨブヨした湿布薬）	・はがれやすい ・水分を多く含むため、貼ったときにヒンヤリする（冷感がある） ・皮膚への負担が少なく、患部を冷やすのに適している
テープ剤 （肌色で薄いテープタイプの湿布薬）	・粘着力が高く、はがれにくい ・貼りにくい。手先が上手く使えないと、しわが寄ったり、グチャグチャになって貼れなかったりする ・皮膚が弱い人は、はがす際に皮膚を傷つけることがある

第2章 ● 傷などの処置と薬の使用

手 順

1. 手を洗います

石けんと流水でよく手を洗いましょう。

2. 利用者の皮膚を清潔にします

患部の汗や水分を、清潔なタオルなどで拭き取ります。
皮膚に傷や湿疹などがないか、皮膚の状態を観察しましょう。

3. 湿布薬を患部に貼ります

患部全体を覆うように貼り、その後、軽く全体を押さえて皮膚に密着させます。
貼付した日付と時間を湿布薬に書いておくと、貼りっぱなしを防ぐことができます。
皮膚に負担がかかるので、しわがよらないように貼りましょう。

● 湿布薬をうまく貼るコツ

フィルムを一部分だけはがして患部に密着させ、そこを押さえながら、残りのフィルムを静かにはがしていきます。
はがれやすい湿布薬は、角を丸くするとはがれにくくなります。

〈湿布薬に切り込みを入れて貼る方法〉

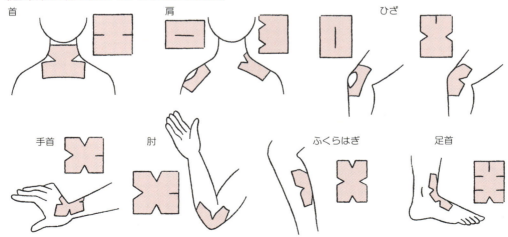

● 湿布薬のはがし方

　ひっぱられないように皮膚を押さえ、端から少しずつ丸めるように、ゆっくりとはがしましょう。

　はがしにくい場合は、無理にはがそうとせずに、ぬるま湯や水、濡れたタオルで湿らせて、端から少しずつはがしましょう。

　温湿布は、入浴の直前にはがすと、皮膚に残った湿布薬の成分（カプサイシンなど）により、肌がヒリヒリすることがあるので、入浴30分前には取るようにしましょう。

● 湿布薬の保管方法

　開封後は、湿布薬が外気に触れないようにしっかりと袋を閉め、直射日光や高温の場所を避けて保管しましょう。

かぶれに注意！

　皮膚が弱い人は貼付時間を短くし、しばらく皮膚を休ませてから新しい湿布を貼ります。皮膚に発疹や変色などの異常が見られたら、すぐに使用をやめて医療職に報告しましょう。

＜光線過敏症＞

　ケトプロフェンを含む湿布（モーラス®テープ、モーラス®パップ、ミルタックス®パップなど）は、日光に当たると皮膚が黒ずんだり赤くなったり、水ぶくれになるなどの副作用があるため、日光にあてないようにしましょう。

　湿布をはがした後も成分は皮膚に残っているため、注意してください。

長時間貼りっぱなしにしないのが、かぶれを防ぐコツです。

2・4 点眼薬の点眼

OK！ | 原則として医行為ではない

点眼薬（点眼液）の点眼
※ただし以下の条件をすべて満たす場合にかぎる
・容態が安定し、医師や看護職による連続的な観察や、専門的な配慮を必要としない利用者であること
・事前に本人または家族から依頼されていること
・医師から処方された医薬品であること
・医療職の指導に基づく実施であること

→ **NG！** | 医療職に依頼

眼軟膏の塗布（56ページ）
※OKとなる条件すべてを満たしていない場合もNG

点眼薬（目薬）は、眼の病気の治療のために、直接眼に使用する薬剤です。

基礎知識

● 点眼薬の保管方法

容器に書かれている保管方法を守り、開封後はなるべく早く使用します（一般的な保管期間は開封後1カ月。使用期限がもっと短いものもあります）。

1 直射日光を避け、涼しい場所に保管する
・遮光袋がついている場合は、必ず遮光袋に入れる
・車の中や暖房器具の近くに放置しない
・「冷所保存」の指示がある場合は冷蔵庫に保管

2 凍結させない
・凍結すると、薬液が変質する場合がある

3 湿布や防虫剤、芳香剤などの近くに置かない
・湿布などの成分が薬液に吸着し、点眼時に刺激を感じることがある

4 湿気の多い場所に置かない
・洗面所や浴室などに置くと、容器にカビなどがつく場合がある

5 ふたをしっかり閉める

6 油性ペンで容器に直接記入しない
・油性インクの成分が、容器をとおして点眼薬に溶けこむ場合がある

手順

1. 手を洗います

石けんと流水でよく手を洗いましょう。

2. 点眼薬を確認します

点眼薬は1種類とは限らないため、薬剤名などをよく確認して準備しましょう。点眼回数、時間、点眼順序、量（通常は1滴）などを確認し、懸濁性の点眼薬は、容器をよく振ってから使用します。

＊2種類以上の点眼薬を使うとき
・間隔を5分程度あけましょう。間隔をあけないと、先にさした点眼薬が、後にさす点眼薬によって流されてしまい、十分な効果が得られないことがあります。
・点眼の順序は医療職に確認しましょう。

<＜点眼前のチェック事項＞>

☐開封後1カ月以上たった点眼薬は使用しない

☐容器の先やキャップの汚れ・破損、浮遊物や濁り、変色はないか確認

☐点眼薬とよく似た容器の薬剤があるので、間違えないように注意！

〈点眼薬とまぎらわしい容器の薬〉

● 便秘薬
（ラキソベロン／帝人ファーマ）

● 爪白癬治療薬
（クレナフィン／科研製薬）

3. 利用者の姿勢を整えます

点眼には仰臥位（あおむけ）が最も適しています。
座位で点眼する場合は、頭を軽く後ろに傾け、天井を見るような姿勢にします。

● 頭を軽く後ろに傾け、天井を見るように

4. 下まぶたを下に引き、点眼薬を1滴落とします

下まぶたに拭き綿やティッシュを当てて、軽く引き下げます。
下まぶたの裏（下眼瞼結膜）の中央に1滴、薬液を滴下します。

- 容器の先端が、周囲やまぶた・まつげにつかないように注意する
- 目（眼球）に滴下しようとすると反射的に目をつぶるので、下まぶたに滴下する
- 目から流れ出た点眼液は、皮膚のかぶれなどの原因になるので、清潔なガーゼやティッシュで拭き取る

点眼は1滴で十分。たくさん点眼しても目からあふれるだけ！

5. 目を閉じて、目頭を軽く押さえます

1分間ほど静かに目を閉じてもらい、目頭の部分を軽く押さえます。

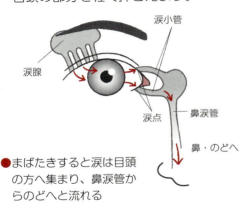

● まばたきすると涙は目頭の方へ集まり、鼻涙管からのどへと流れる

＋α プラス 点眼薬による副作用

いつもと違う症状がでた場合には、医療職に報告しましょう。
過剰に点眼すると副作用が起こりやすくなるので、指示された量を守りましょう。
・充血、めまい、ふらつき、頭痛、痛み、かゆみ、発疹など
・呼吸困難や頻脈、動悸など、呼吸器・循環器障害（緑内障治療薬）

2・5 一包化された内服薬の服薬介助

OK！ | 原則として医行為ではない

一包化された内用薬の内服（舌下錠の使用も含む）

※ただし以下の条件をすべて満たす場合にかぎる
・容態が安定し、医師や看護職による連続的な観察や、専門的な配慮を必要としない利用者であること
・事前に本人または家族から依頼されていること
・医師から処方された医薬品であること
・医療職の指導に基づく実施であること

NG！ | 医療職に依頼

PTP包装シート＊から取り出した薬の内服（58ページ）

※OKとなる条件すべてを満たしていない場合もNG

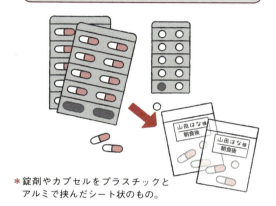

＊錠剤やカプセルをプラスチックとアルミで挟んだシート状のもの。

　一包化とは、確実に服用できるよう、錠剤やカプセルなど1回分の薬がひと包みにされた状態で、調剤は薬剤師が行います。薬袋には、名前と飲む時期が印刷されているのが一般的です。

基礎知識

◯ 薬を飲む時間

　薬を飲む時間は、薬の性質や胃の中の状態などによって決められています。薬を飲む時間を守らないと、薬の効きが悪くなったり、副作用が現れやすくなります。「食前」「食後」などの指示が、どのタイミングを指すのかを以下にまとめました。

指示	薬を飲むタイミング	指示	薬を飲むタイミング
起床時	朝起きてすぐ	食後	食後約30分以内
食前	食事の30分前	食間	食事と食事の間、食後約2〜3時間
食直前	箸をつける前。「いただきます」の直前	就寝前	寝る30分前
食直後	箸を置いたとき。「ごちそうさま」の直後	時間薬	指示された時間
		頓服	症状出現時

- 「1日3回」の薬は、特に指示がないかぎり「食後」に飲む。
- 薬を飲み忘れてしまった場合は医療職に報告する。2回分まとめて飲むのはNG。
- 薬を吐き出すなど、服用できなかった場合には、必ず医療職に報告して指示を受ける。
- 糖尿病の血糖を下げる薬は、食事と薬を飲むタイミングが密接に関わるため、飲み忘れや食事の量がいつもより少ない場合には、必ず医療職に報告する。

手順 ● 一包化された内服薬の場合

1. 手を洗います

石けんと流水でよく手を洗いましょう。

2. 利用者に本人確認を行い、薬を飲むことを伝えます

薬袋の名前、飲む時間を本人に確認してもらいながら、説明しましょう。

3. 利用者の姿勢を整えます

誤嚥を防止するため、座位または半座位をとってもらいます。

4. 薬袋の名前、飲む時期を確認して、薬を袋から取り出します

一包化された薬に書かれている「名前」「飲む時間」は、服用の直前に、再度確認しましょう。
袋が破れていた場合は、破れていない別の袋と取り替えます。

> <服薬前にもう一度チェック！>
>
> □ 体調はいつものとおりか
> □ 十分に覚醒しているか
> □ 内服薬は一包化されているか
> □ 利用者の名前と薬袋の名前は一致しているか
> □ 薬袋に書いてある、飲む時間（朝、昼、夕、就寝前など）を確認したか
> □ カプセルが傷ついて中身が出ていたり、粉薬が変色しているなど異変はないか

5. コップ1杯の水または白湯と一緒に、薬を飲んでもらいます

水または白湯を少し飲んでもらい、口の中を湿らせます。
薬を、舌の中央部あたりにのせます。奥に入れすぎるとむせることがあります。

服用後は、薬が残っていないか口の中を確認！

6. 服用後、しばらくは座位または半座位を保ちます

胃の中の薬が食道へ逆流するのを防ぐため、服用後、すぐに横にならないようにしましょう。

● 薬の服用の際に気をつけること

・飲む水が少ないと薬が食道に付着して、潰瘍を起こすことがあります。水分制限がない場合は、コップ1杯くらいの十分な水で服用します。
・心臓や腎臓の病気のため1日の水分量が制限されている利用者の場合、薬を飲むときの水分量について医療職に確認しておきましょう。
・薬の数が多い場合は、1～2個ずつ何回かに分けて服用します。
・薬を砕いたり、カプセルから中身を出すと、薬の効果がなくなったり副作用が起こることがあるので、剤型を変えてはいけません。

● うまく飲めない場合の工夫

【服薬ゼリー】
ゼリーで薬を包み込むようにサンドして飲みます。

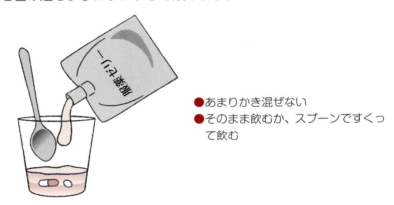

● あまりかき混ぜない
● そのまま飲むか、スプーンですくって飲む

【オブラート】
オブラートで薬を包み、水を入れたコップにオブラートを入れ、すぐに飲みます。オブラートを使用する場合は、医療職に確認しましょう。

①薬をオブラートの中央にのせる
②薬をねじって包む
③水につける
④飲む

● オブラートは、そのまま飲むと口の中に貼りつくが、水につけると表面が溶けてゲル状になり、ツルッと飲みやすくなる

| 手 | 順 | ● 舌下錠の場合 |

舌下錠は、おもに狭心症の発作時に使われます。発作に備え、すぐに取り出せるところに保管し、保管場所は介護職全員が把握しておきます。また、外出時は必ず持参しましょう。

1. 利用者を安静にします

狭心症の発作が起きたり、発作が始まりそうになったら、まずは利用者の安全と安静を確保します。

2. 舌の下に錠剤を入れます

舌下錠を1錠、袋から取り出して舌の下に入れます。
舌下錠は速効性（1〜2分）があるため、利用者のそばで症状を観察しましょう。

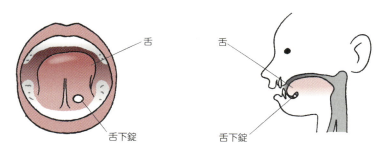

- 舌下錠は口の粘膜から吸収されて効果があらわれる薬なので、飲み込まずに舌下で溶かすことが大切であることを説明する
- 口の中が乾燥していると、舌下錠がすぐに溶けないので、先に水をひと口含んでもらい、舌や口の中を湿らせるとよい

3. 医療職に報告します

症状、使用した時間、症状が治まった時間などを医療職に報告します。
舌下錠を使用しても発作が治まらない場合、心筋梗塞の可能性があります。1錠で発作が治まらない場合に、2錠目を使用するのか、誰に連絡するのかなど、対応のしかたをあらかじめ医療職と打ち合わせておきましょう。

◯ 誤薬を防ぐポイント

誤薬は利用者の生命にかかわります。内服薬の介助を行う際には、誤薬がないよう、確認をしっかり行うことが重要です。

誤薬を防ぐために、「配薬ボックスから薬を取り出すとき」「利用者のそばにいったとき」「薬袋をあけて口に入れる前」に、その薬が本人のものであるかを必ず確認しましょう。

薬の飲み合わせ

1種類では問題ない薬でも、薬と薬、あるいは薬と飲食物を一緒に摂ることで、薬の効き目が強くなったり、弱くなったり、良くない影響が出る組み合わせがあります。これを相互作用といい、注意して防がなければいけません。

薬剤情報提供書などを見て、利用者がどのような薬を飲んでいるのか、どのような注意事項があるのかを把握しておきましょう。

〈飲食物に影響される薬の例〉

飲食物	影響される薬の例
グレープフルーツジュース	高血圧・狭心症の薬（カルシウム拮抗薬／例：アダラート®）
納豆、およびクロレラ、青汁、ブロッコリーなどの緑黄色野菜（ビタミンKを含むもの）	血栓の治療・予防薬（血液を固まりにくくする薬／例：ワーファリン）
緑茶、コーヒー、紅茶、ウーロン茶など（カフェインを含むもの）	ニューキノロン系の抗菌薬（例：クラビット®、タリビッド®）
	ぜんそく治療薬（例：テオロング®）
牛乳、ヨーグルトなどの乳製品	テトラサイクリン系の抗菌薬（例：ミノマイシン®）
炭酸飲料	一部の解熱鎮痛薬（例：アスピリン）

★アルコールは多くの薬剤に影響を及ぼすため、アルコールで薬を飲むのは避けましょう。
他にも飲食物に影響される薬があるので、医療職に確認しましょう。

2.6 坐剤（坐薬）の挿入

OK！ | 原則として医行為ではない

肛門からの坐剤挿入

※ただし以下の条件をすべて満たす場合にかぎる

- 容態が安定し、医師や看護職による連続的な観察や、専門的な配慮を必要としない利用者であること
- 事前に本人または家族から依頼されていること
- 医師から処方された医薬品であること
- 医療職の指導に基づく実施であること

NG！ | 医療職に依頼

※OKとなる条件すべてを満たしていない場合

坐剤は、肛門から挿入し直腸で溶け、有効成分が直腸粘膜から吸収されて効果を発揮する、ロケット型の薬剤です。便秘や痔など局所に効果があるものと、解熱・鎮痛、吐き気止めなど全身に効く薬があります。おう気、おう吐、意識障害などで口から薬を服用できないときや、経口では薬剤が胃を刺激して服薬できない場合などに、有効な投与方法です。

基礎知識

● 直腸の構造と機能

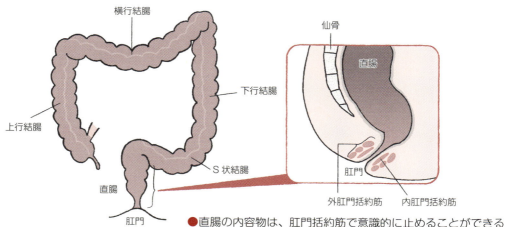

- 直腸の内容物は、肛門括約筋で意識的に止めることができる
- 粘膜の毛細血管から吸収され、直腸の静脈から肝臓を通らずに全身を流れるため、有効成分がより短時間に効果的に働く

○ 代表的な坐剤

効能	抗炎症・解熱・鎮痛		排便促進
商品名 (一般名)	インテバン® 坐剤 (インドメタシン)	ボルタレン® サポ (ジクロフェナクナトリウム)	新レシカルボン® 坐剤 (炭酸水素ナトリウム・無水リン酸二水素ナトリウム配合剤)
	(帝國製薬)	(ノバルティス ファーマ)	(ゼリア新薬工業)

〈保管する際の注意〉
　水溶性坐剤は室温での保管が可能、油脂性坐剤は温度が高い部屋で溶解するため、冷蔵庫での保管が必要ですが、水溶性か油脂性か区別しにくいため、すべての坐剤を冷蔵庫に保管します。冷蔵庫に保管して1年間は、有効性が保てるとされています。

手順

1. 利用者に坐剤について説明し、排便を済ませてもらいます

利用者に坐剤の目的と方法を説明し、尿意・便意があれば排泄を促します。

2. 手を洗います

石けんと流水でよく手を洗いましょう。

3. 環境を整え、使い捨て手袋を着けます

カーテンを引くなど、プライバシーにも配慮します。

4. 姿勢を整えます

左を下にした横向き（左側臥位。52ページのイラストも参照）で、股関節と膝を曲げ、楽な姿勢をとってもらいます。
下着をおろし、バスタオルなどをかけて不必要な露出を避けます。

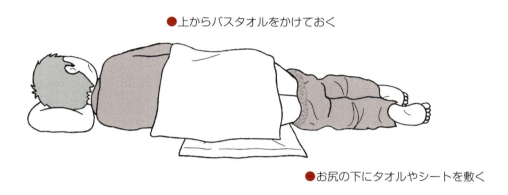

● 上からバスタオルをかけておく

● お尻の下にタオルやシートを敷く

5. 坐剤を挿入します

フイルムをはがして坐剤を取り出し、もう一方の手で肛門を開きます。
尖っている先端を肛門の孔に向け、指の第一関節まで入るように押し込みます。

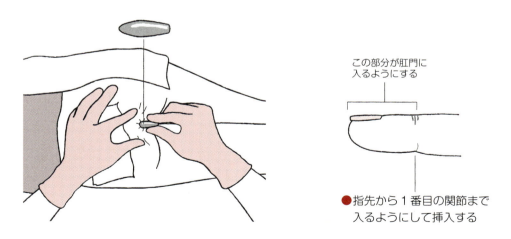

この部分が肛門に入るようにする

● 指先から1番目の関節まで入るようにして挿入する

この時、利用者に口で呼吸するように促し、力まないように伝えましょう。
肛門周囲の乾燥などで坐剤がうまく入らないときは、潤滑剤（ベビーオイル、乳液など）を使用します。

6. 肛門を押さえます

坐剤が外へ出てしまわないように、ガーゼなどで肛門を2～3分押さえます。

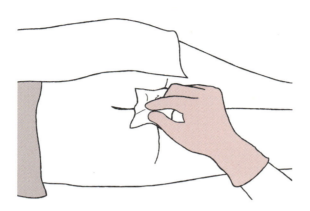

7. 姿勢・寝衣を整えます

便意をもよおすことがありますが、なるべくそのままの姿勢を保持してもらいます。

〈坐剤が排出されてしまったとき〉

坐剤の形状と、挿入してからの経過時間を確認し、医師に報告して指示を受けます。

・挿入して数分しか経過していない ・坐剤がほぼ原形のまま	・少し時間が経過している ・坐剤が溶けている
↓	↓
薬剤は体内にほとんど吸収されていない	薬剤が体内に一部吸収されている
↓	↓
医師の指示のもとに再挿入	医師の指示を受け、時間をおいて（投薬間隔をあけて）挿入

2・7 浣腸

> **OK!** 原則として医行為ではない
>
> 市販のディスポーザブル浣腸器での浣腸
> ・成人用　40g程度以下
> ・6歳～12歳未満小児用
> 　　20g程度以下
> ・1歳～6歳未満幼児用
> 　　10g程度以下
> ・挿入部の長さ
> 　　5～6cm程度以内

> **NG!** 医療職に依頼
>
> 医療用浣腸器による浣腸
> ・容量が40g程度を超えるもの（成人）
> ・ノズルの長さが6cm程度を超えるもの

　長期臥床や車椅子で過ごす時間が長く、活動が低下している高齢者では、頑固な便秘のため下剤では十分な排便がなく、浣腸を使用することもあります。浣腸とは、便の排出を主な目的として、肛門から直腸内に液体（薬液）を注入することです。

基礎知識

○ 便秘の原因

　便秘とは、排便回数や便量の減少、排便困難などにより、十分な排便や排便の満足感を得られない状態を指します。

　便秘はさまざまな原因で生じます。生活習慣の乱れ、ストレス、身体活動量の低下などで生じるほか、薬剤の副作用としての便秘もあります。

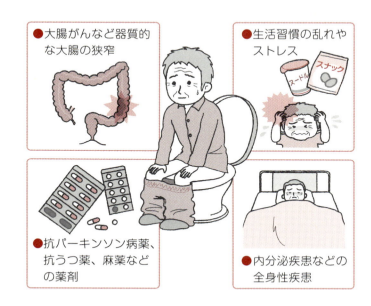

●大腸がんなど器質的な大腸の狭窄
●生活習慣の乱れやストレス
●抗パーキンソン病薬、抗うつ薬、麻薬などの薬剤
●内分泌疾患などの全身性疾患

○ グリセリン浣腸の作用

　浣腸につかわれる薬剤は、アルコールの一種であるグリセリンを薄めた液体です。腸内に入ったグリセリンは、腸管を刺激して蠕動(ぜんどう)運動を亢進させつつ、便を軟化させることで排便を促すとされています。

〈介護職が実施可能な浣腸〉

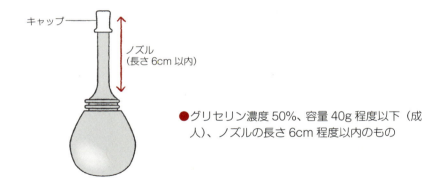

● グリセリン濃度50％、容量40g程度以下（成人）、ノズルの長さ6cm程度以内のもの

1. 必要物品を準備します

2. 利用者に浣腸について説明し、排尿を済ませてもらいます

利用者に浣腸の目的と方法、所要時間を説明し同意を得ます。
尿意があれば、排尿を済ませてもらいます。

3. 手を洗います

石けんと流水でよく手を洗いましょう。

4. 環境を整えます

カーテンを引くなど、プライバシーに配慮します。

5. 姿勢を整えます

左を下にした横向き（左側臥位）で、股関節と膝を曲げ、楽な姿勢をとってもらいます。
使い捨て手袋を着け、下着をおろし、バスタオル等をかけて不必要な露出を避けます。

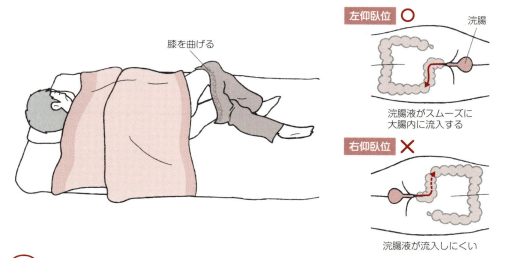

6. 処置用のビニールシーツを敷き、必要物品を配置します

腰の下にビニールシーツを敷きます。
切って折りたたんだトイレットペーパー、破棄用ビニール袋を近くに置きます。

7. 浣腸液を注入します

利用者に浣腸することを伝えます。
浣腸のキャップをはずし、一方の手で肛門を開き、浣腸の先を静かに挿入し、本体を握ってゆっくりと薬液を注入します。
この時、利用者に口で呼吸するように促し、力まないように伝えましょう。
・肛門周囲の乾燥などで浣腸が入りにくいときは、潤滑剤（ベビーオイル、乳液など）を使用します。

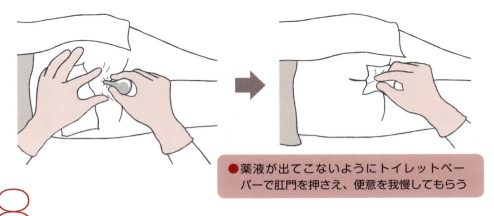

●薬液が出てこないようにトイレットペーパーで肛門を押さえ、便意を我慢してもらう

8. 排泄を介助します

トイレに誘導、またはベッド上で差し込み便器・尿器を用いて、利用者に適した排便環境を介助します。
排便が終わったら、陰部肛門周囲を清潔にします。
便の量、性状を確認し（54ページ「便のアセスメント」参照）、利用者の状態を観察します。

〈浣腸時に注意すること〉
　浣腸は、腸の内圧の変動による血圧の上昇・低下など、体に影響を与えるため、顔色や意識状態、腹痛などの訴えに留意し、気分不快や意識低下が見られたらすぐに中止します。

●浣腸のノズルを無理に挿入しない
●浣腸液の入った球の部分をギュッと強く握って、いっきに液を注入しない
●挿入や注入に抵抗を感じた場合は中止し、看護師や医師に報告する
●排便後の肛門からの出血、体調の変化の観察を十分に行う

● 便のアセスメント

排泄された便から、利用者の身体状況がわかります。
便の状態を医療職に正確に伝えるために、便の色、形状の正しい表現を知っておきましょう。

正常な便

黄褐色～茶褐色
表面はなめらか
ソーセージがスルッと出てきた感じ
1日1～2回排便
（1日3回～週3回程度は正常の範囲内）

異常な便

灰色、白色（閉塞性黄疸など）
黒色、赤色（消化管出血）
兎糞状(とふん)（コロコロした便）
硬い（コロコロ便が固まった便）
泥状（水分が多く半固形～不定形の便）
水様（固形物を含まない液体状の便）

〈参考　ブリストル便性状スケール〉

種類	分類	形状	水分量	消化管の通過時間
便秘	コロコロ便 （兎糞状便）	ウサギの糞のような硬くてコロコロした便	少	長い （100時間以上）
	コチコチ便 （硬い便）	コロコロ便がギュッと短く固まったコチコチの便	↓	↓
普通	ソーセージ便 （やや硬い便）	ソーセージ状で、表面にひび割れの入った便		
	バナナ便 （普通便）	表面がすべすべしたバナナ状の便、またはとぐろを巻く便		
	やわらか便 （軟便）	やわらかくて半固形の、グニャリとした排泄しやすい便		
下痢	フニャフニャ便 （泥状便）	固まりにならずフニャフニャした不定形の便、またはドロドロの便	↓	↓
	シャバシャバ便 （水様便）	固形物をほとんど含まない、水のような便	多	短い （10時間以下）

排便を促進するケア

便秘は高齢者に多い症状です。便秘は、食事、服用している薬、運動、精神状態、1日の過ごし方、生活環境などに左右され、個人差もあります。

便秘の要因を把握し、マッサージや食事の調整など薬剤に頼らない方法を工夫しても、なお便秘が続く場合には、下剤を服用します。それでも便秘が続いて利用者が不快を訴えたり、食欲の低下が見られたりする場合、医師の指示により浣腸を行います。

〈腹部のマッサージ〉

ヘソのあたりから、「の」の字を書くようにゆっくりマッサージする。

両手の指を重ねて、軽く体重をかける。

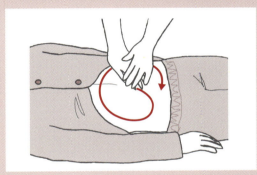

〈食事と水分〉

不溶性食物繊維を多く含む食品（サツマイモなど）や、マグネシウムが豊富な海藻類、ヨーグルト（乳酸菌）などを積極的に食べる。

水分が十分摂取できているかのチェックも大切。

〈温罨法（おんあんぽう）〉

腸の動き（腸蠕動（ぜんどう））がよくなるように、腹部と腰背部を温める。

70℃くらいの湯でしぼったタオルをビニール袋に入れ、服の上からあてる（表面の温度は40～45℃）。

低温やけどに注意。

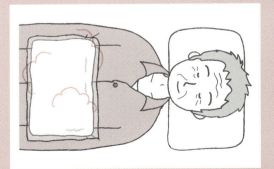

〈下剤の服用〉

下剤により腸を刺激したり、便を軟らかくしたりして排便を促す。

介護職に認められていない医薬品の介助（医行為となるもの）

29～53ページで解説した薬の介助以外は医行為となり、介護職には認められていません。ここでは、介護職が行えない薬の介助の一部を解説します。

〈眼軟膏〉

眼軟膏は、下まぶたの裏に塗る薬で、まぶたの治療や角膜・結膜の治療に使われます。点眼薬と眼軟膏が一緒に出された場合は、点眼薬をさして5分くらい経過してから、最後に眼軟膏をつけます。

注意！

眼軟膏をつけた直後は、眼がかすむことがあるので、転倒などに注意しましょう。

〈液剤〉

薬を水やアルコールなどに溶かして液状にした薬。シロップなどで甘味や香りをつけて飲みやすくしてあります。

使用時の留意点

- 分離しているものは静かに振って混ぜ、正確に計量する。
- 多く出てしまった場合、容器に戻さないで捨てる。
- 咽頭や胃粘膜に作用させる液剤のときは、水を飲ませない。

〈経皮吸収型製剤〉

経皮吸収型製剤は、皮膚に貼る薬です。貼った場所から薬の成分が皮膚を通して血管へと入り、全身に運ばれます。そのため、貼った場所ではなく全身に効果が働きます。

経皮吸収型製剤には、「心臓の血管を広げ血流をよくする薬」「気管支を広げて呼吸を楽にする薬」「痛みを和らげる薬」「認知症の治療薬」「禁煙治療薬」などがあります。

● はがし忘れや貼り忘れがないよう、名前と日付、時間を記入しておくとよい

使用時の留意点

- 薬剤によって貼る場所が異なるため、貼る場所を確認する。
- 貼り忘れた場合は、気づいたときすぐに貼る。
- 古いテープは必ずはがし、指示枚数以上貼らないように注意する。
- 入浴時は、はがしてから入浴してもよい。
- 貼り替える場合は同じ場所を避けて貼る。

〈吸入薬（噴霧剤）〉

　吸入器には、自分で粉末型の薬剤を吸入するドライパウダー式と、ガスの圧力で薬剤を噴霧する加圧噴霧式があります。
　気管支喘息の予防や発作時、慢性閉塞性肺疾患の治療、インフルエンザの治療などに使われます。正しく吸入しないと治療効果が得られません。

・ドライパウダー式
　最初に息を吐き、薬剤を勢いよく深く吸い込みます。吸う力が弱い人には適しません。吸入後は3～5秒を目安に、苦しくない範囲で息を止めます。

・加圧噴霧式
　ゆっくり深く吸い込むので、高齢者や吸う力が弱い人にも適しています。薬が出るタイミングに合わせて上手く吸えない人には、吸入補助器を用いることもあります。

注意！
　ステロイドが含まれている製剤の場合、口腔内にステロイドが残っていると、のどの違和感、声のかすれ、カンジダ（カビ）などの副作用が現れる可能性があります。予防のため、吸入後はうがいが必要です。

〈ネブライザー〉
　気管支拡張薬やたんを出しやすくする薬液などを霧状にして、直接気管支に噴霧するための器具です。マウスピースやマスクなどを使って吸入します。
　なるべく座位または半座位で使用します。臥位の場合は側臥位になるとよいでしょう。

NG!

〈膣坐薬（膣錠）〉

膣坐薬は膣内に深く挿入する薬で、大きさや形はさまざまです。膣炎や、カンジダ菌などによる女性の感染症に用いられます。

膣内の分泌液により徐々に溶けて効果を表すので、1日1回使用のときは、寝る前に挿入すると出てくる心配がありません。

注意！

錠剤の場合は、内服薬と間違えないように気をつけましょう。

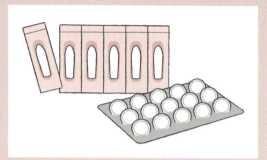

注意！

〈PTP包装シートから取り出す薬〉

利用者がPTP包装シートから薬を取り出すのが難しい場合や、誤飲の可能性がある場合は、医師に申し出て、薬局で一包化してもらいましょう。

1錠ずつ切り離したPTP包装シートを飲み込んでしまう重大な事故が報告されています。飲み込んでしまうと、のどや食道が傷ついたり、腸を突き破ることがあるので、PTP包装シートは1錠ずつに切らないでください！

〈トローチ〉

口腔・咽頭・扁桃粘膜に直接作用する外用薬。口の中でゆっくり溶けるように加工されているので、噛み砕いたり、飲んだりせず、口腔内で溶かしてもらいます。

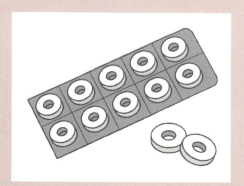

第 3 章

整 容

爪切り、歯みがき、耳掃除。誰もが長年、当たり前に行ってきているセルフケアだけに、手順は十人十色、自己流が身についてしまっていることも少なくありません。利用者へのケア方法を学ぶことはもちろん重要ですが、この機会に、自分自身のやり方も見直してみましょう。きっと発見があるはずです。

3. 1 爪切り

OK！ | 原則として医行為ではない

爪そのものに異常がなく、爪の周囲の皮膚にも化膿や炎症がなく、かつ、糖尿病等の疾患に伴う専門的な管理が必要でない場合に、その爪を爪切りで切ること、および爪やすりでやすりがけすること

NG！ | 医療職に依頼

爪や爪周囲の皮膚に異常がある時や、糖尿病などの疾患に伴う専門的な管理が必要な人の爪切り

基礎知識

● 爪のケアの重要性

爪切りは日常行われているセルフケアです。しかし、爪切りをおろそかにすると、さまざまなトラブルが発生します。爪が折れたり、はがれたり、ささくれから爪周囲に感染することがあります。伸びた爪で自分の顔や体を傷つけることもあります。

手の爪に痛みやトラブルがあると、細かい作業ができなくなります。また、足の爪に痛みやトラブルがあると、体を支えられず、歩くことが困難になり、生活不活発病につながります。

● 爪の構造

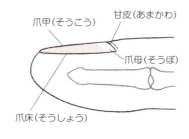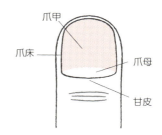

- 皮膚の一部で、厚さ0.3～0.65mm、主成分はタンパク質とケラチン。
- 爪の硬度は、爪甲に含まれる水分の量やケラチンの組成によって変わり、乳幼児では爪甲はやわらかく弾力性に富み、高齢者になると硬くもろくなる。

● 爪切りの道具

第3章 ● 整容

手　順

1. 爪や周囲の皮膚に異常がないかを確認します

入浴後、手浴・足浴後など、爪が水分を含んで柔らかいときに切ります。

2. 爪切りの体勢を整えます

利用者の横または斜め前に座ります。
爪切りを持っていない方の手で、利用者の指の第一関節を持ち、爪切りの支持土台とします。

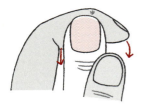 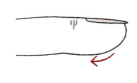 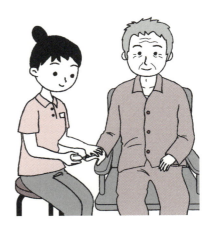

爪の下の指肉を「ぐっ」と押し下げると、皮膚が爪から離れ、どこを切ればよいか見分けがつきやすくなります。

深爪に注意！

3. 爪を切ります

爪切りをゆっくり差し込み、肉を挟んでいないか確認（上からだけでなく横からも確認）してから、爪を少しずつ切ります。

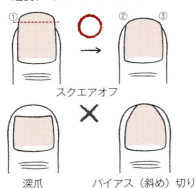

正しい爪の切り方 （スクエアオフ）

①四角（スクエア）にまっすぐ真一文字に切る。
②③左右の端を少しだけ切るか、爪やすりをかけて角を丸くする。
・自分の爪の切り方もチェック！ スクエアオフは巻き爪防止になる。

4. やすりをかけます

やすりをかけて爪の断面を滑らかにし、爪の先端が薄く割れてはがれる「二枚爪」を防止します。
指に対し角度をつけて、爪やすりを持ち、一定の方向に動かします。

● 介護職が爪切りをしてはいけない場合とは？

爪の異常や、周囲の皮膚に化膿や炎症がある人、糖尿病などの疾患に伴う専門的な管理が必要な人の爪切りは、介護職が安易に行ってはいけません。医療職に依頼するか、医療機関の受診が必要です。

〈爪のおもな異常〉

名　称	原　因	症　状
巻き爪	深爪やバイアス切りなど間違った爪の切り方、靴の圧迫などで起こる。足の親指が多い	爪の周囲、とくに先端の角がトゲのように皮膚に食い込んで傷つけ、炎症を起こした状態。化膿や出血を繰り返し、激痛で歩けなくなることもある
陥入爪	つま先が細い靴・きつい靴による足先の圧迫、大きすぎる靴の中で足が動きすぎても起こる	爪が変形し、皮膚や肉が爪の縁より上に出て痛む。痛みを取ろうと深爪をするとさらに変形が進み、症状が悪化する
爪白癬（はくせん）（爪水虫）	白癬菌（水虫菌）が爪と皮膚の間にすみついた状態	爪が厚くなり、白濁し、爪の質がもろくなる。痛みやかゆみがないので気づきにくく、放置すると症状が進行し、他の爪にも感染する。皮膚科での根気強い治療が必要

〈爪周囲の皮膚の炎症〉

● ささくれや二枚爪などが原因の腫れ、赤みなど

〈糖尿病の人の爪切り〉

糖尿病の人は小さな傷でも治りにくく、また、神経障害がある人は、痛みやかゆみなどを感じにくいため、爪の両端がトゲになって皮膚を傷つけないよう、爪切りには細心の注意が必要です。最悪の場合、壊疽（え そ）（細胞が壊死した状態）となり、足を切断しなければならなくなることもあります。

3・2 口腔ケア

OK！ 原則として医行為ではない	**NG！** 医療職に依頼
歯ブラシ・綿棒・巻き綿子等を使った日常的な口腔ケア	重度の歯周病がある人（歯肉が腫れて出血している、歯がぐらぐらしているなど）への口腔ケア

　口は呼吸器と消化器の入口です。呼吸器は鼻腔や口腔から咽頭・喉頭を経て、気管、肺へつながります。消化器は、口腔から咽頭・食道を経て胃や腸につながります。
　口腔ケアにより口腔内を清潔に保つことで、高齢者に多い歯肉炎や誤嚥性肺炎を予防し、口腔機能を維持・改善することができます。

基礎知識

● 口腔・歯の構造

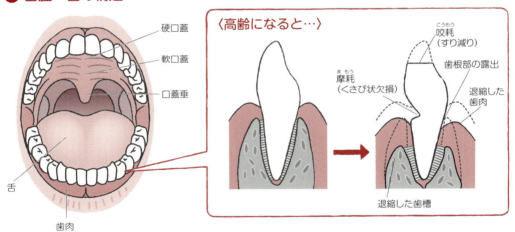

　口は複雑な構造をしています。奥のやわらかい部分（軟口蓋）は、触れると吐き気をもよおすので、口腔ケアの際は歯ブラシなどが当たらないように注意します。
　高齢者の場合、歯がくさび形にすり減って歯肉の境目にむし歯ができやすい、歯肉が退縮し、歯垢や歯石が付着することで歯肉炎になりやすいなど、口腔のトラブルが起こりやすい状態になっています。

● 高齢者に多い口腔のトラブルと病気
〈思うように噛めない〉
　むし歯、歯肉炎、入れ歯（義歯）があわなくなるなどの原因により、口中に痛みがあると、食物が咀嚼しにくくなります。

〈口腔乾燥症（ドライマウス）〉

　噛む力の低下、薬剤の影響などにより、唾液の分泌量が減り、口腔乾燥症（ドライマウス）になります。口が乾くと、食事を食べにくくなるだけでなく、発音しにくい、入れ歯がはずれやすい、そして味覚障害や口臭なども発生します。

〈誤嚥性肺炎〉

　口腔は、常に温度と湿度が保たれているため、細菌の培養地です。口の中で繁殖した微生物を含む唾液が、誤嚥によって肺に入り炎症を起こすことを誤嚥性肺炎といいます。肺炎は体力を奪い、命にかかわります。

> **歯周病**
>
> 　歯肉と歯の間に歯垢や歯石がたまり、細菌が増殖すると、歯を支えている支持組織に炎症が起こり、歯茎から出血したり、口臭が悪化したり、歯がぐらついたりします。歯周ポケットがますます深くなり、歯垢が歯石になって歯根まで覆うと、最終的に歯を支えている骨が破壊され、歯はぐらつき、抜け落ちます。成人が歯を失う大きな原因の1つです。

● 口腔ケアの用具

　利用者の状況や必要な口腔ケアの内容に合わせて、用具を準備します。
　歯ブラシは、植毛部が小さめで、奥までみがける歯ブラシを選びます。

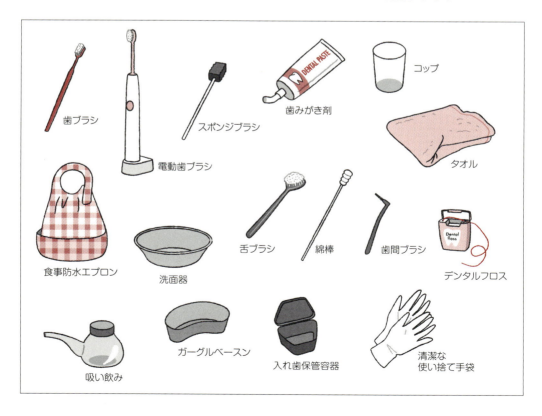

手順 ●歯みがき

1. 利用者の姿勢を整えます

口腔ケアは、基本、洗面所で行います。
立位が保てない人は、椅子を洗面所に用意して、座位を保持して行います。
体調がすぐれないために洗面所に行けない人や、座位がとれない人は、ベッド上で口腔ケアを行います。

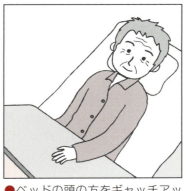

● ベッドの頭の方をギャッチアップし、側臥位あるいは仰臥位で顔を横に向ける

2. 手を洗い、手袋を着けます

石けんと流水でしっかり手を洗い、清潔な使い捨て手袋を両手に着用します。
利用者の斜め後ろ、または前から口腔ケアを行います。

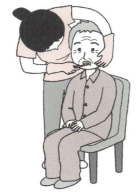

● 椅子に座って斜め後ろから介助

● 椅子に座って前から介助

3. うがいをしてもらいます

口の中に水をふくみ、口を閉じ、ほおを上下、左右、前後に動かして、うがいをしてもらいます。
食べかすを取り除き、口の中を湿らせることができます。

4. 歯をみがきます

可能な限り、利用者本人に歯ブラシを手渡して、歯をみがいてもらいましょう。
歯ブラシは鉛筆を持つように持ち、やさしく小刻みに動かします。

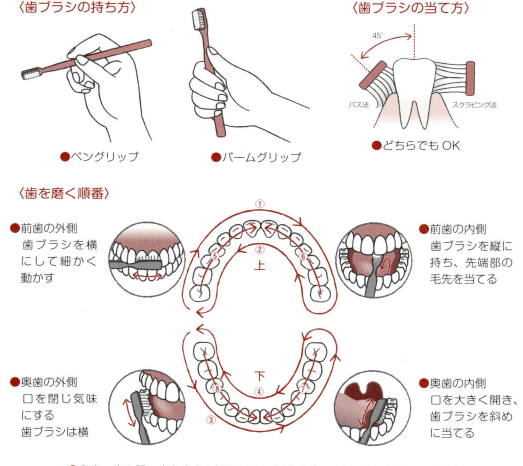

〈歯ブラシの持ち方〉
- ●ペングリップ
- ●パームグリップ

〈歯ブラシの当て方〉
バス法 / スクラビング法
- ●どちらでも OK

〈歯を磨く順番〉
- ●前歯の外側　歯ブラシを横にして細かく動かす
- ●前歯の内側　歯ブラシを縦に持ち、先端部の毛先を当てる
- ●奥歯の外側　口を閉じ気味にする　歯ブラシは横
- ●奥歯の内側　口を大きく開き、歯ブラシを斜めに当てる
- ●奥歯、歯の間、歯と歯肉の境目には、歯垢（プラーク：歯の表面につく白色や黄色のネバネバ）がたまりやすいので、丁寧に歯ブラシで取り除く

第 3 章 ● 整容

> プラークは細菌のかたまり！

歯みがき時の注意事項

・ゴシゴシと力強くみがくのはやめましょう。表面のエナメル質を傷つける上、歯の出っぱっているところだけをみがくことになり、プラークがたまりやすい歯の間や歯肉との境目などはみがけません。
・口腔ケア中に唾液やうがい水を誤嚥したときは、口腔ケアを中止し、医療職に連絡して様子を見守りましょう。
・意識障害がある人、寝たきりの人、口から食べず経管栄養の人に口腔ケアを行うときは、特に注意が必要です。事前に医療職と話し合い、口腔ケアの手順を確認し、連携体制を整えておきましょう。

● その他の口腔ケアグッズの使い方

歯ブラシだけですべての汚れを取ることは難しいので、口腔ケアグッズをうまく活用しましょう。

〈舌ブラシ〉

舌ブラシを水で湿らせ、舌の奥から手前へなでるように動かして、舌苔（舌に細菌や食べかす、粘膜のかすがついて白い苔状になったもの）を取ります。
強くこすると舌を傷つけるので、無理せずやさしく行います。
舌の奥を刺激しないように注意しましょう。

 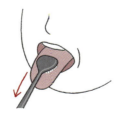

- 水を入れたコップと舌ブラシを用意（やわらかい歯ブラシでもよい）
- 舌ブラシを水で洗いながら使う

〈スポンジブラシ、綿棒〉

唇と歯肉の間、ほおの内側、粘膜を清掃します。
歯のないところも清掃します。

- 水を入れたコップとスポンジブラシを用意する
- スポンジブラシを水にひたし、指またはコップの内側で軽く絞る
- 途中、スポンジブラシをコップの水で洗いながら使う
- 水が汚れたら、水を交換する

〈歯間ブラシ、デンタルフロス〉

高齢になると、歯と歯の間に大きな隙間ができます。
歯と歯の間は、歯間ブラシや、デンタルフロスを使いましょう。

〈薬用洗口剤〉

10～20 ccを口に含み、ぶくぶくと30秒ほどすすぎます。
ネバつき、歯肉炎、口臭の原因となる菌のかたまり（プラーク）を分散し、殺菌コートにより新たな歯垢の付着を防いで、口中をすっきりさせます。

手順 ●入れ歯（義歯）の清掃

1. 手を洗い、手袋を着けます

石けんと流水でしっかり手洗いをします。
清潔な使い捨て手袋を両手に着用します。

2. 利用者に声をかけ、入れ歯をはずします

総入れ歯は、下の入れ歯から先にはずします。
義歯床と粘膜の間に空気を入れると、はずしやすくなります。

〈総入れ歯のはずし方〉

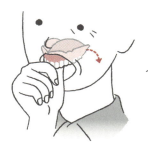
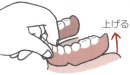

- はずすときは、下の総入れ歯を先にする
  前歯部分をつまんで持ち、後ろ部分を上げるように動かす
  入れ歯は口から斜めに取り出す
  （総入れ歯は横幅が大きいので、斜めにすれば口角を傷つけずスムーズに取り出せる）

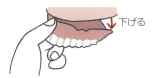

- 次に上の総入れ歯をはずす
  前歯の部分をつまんで持ち、後ろの部分を下げるように動かす
  入れ歯は斜めに取り出す

〈部分入れ歯のはずし方〉

● 部分入れ歯の場合、部分入れ歯についているバネに爪をかけてはずす

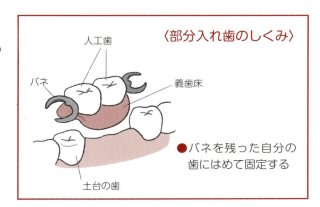

〈部分入れ歯のしくみ〉
● バネを残った自分の歯にはめて固定する

● 人差し指の爪をバネにかけて下げる

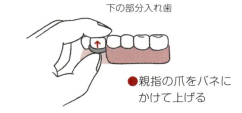

● 親指の爪をバネにかけて上げる

3. 入れ歯をみがきます

歯みがき剤は、入れ歯に傷をつけるので使いません。
普通の歯ブラシでもみがけますが、形が複雑な入れ歯の汚れをしっかり落とすためには、義歯専用歯ブラシがおすすめです。

①義歯専用歯ブラシと普通の歯ブラシ（または歯肉みがき用）を用意します。
②洗面所に洗面器を置きます（入れ歯を落としても、壊れないように）
③水道水を流し、入れ歯についた食べかすを落とします。
④義歯専用歯ブラシで、入れ歯の汚れを落とします。
⑤口の中の歯・歯肉・粘膜は、普通の歯ブラシなどでみがきます。

〈義歯専用歯ブラシ〉

◯ 義歯洗浄剤の使用

週1〜2回は義歯洗浄剤を使用し、化学的に歯垢(プラーク)を除去します。
洗浄剤にはさまざまな種類があるので、使用方法や時間は異なります。

〈義歯洗浄剤〉

① コップに水を入れ、洗浄剤を入れます
② 入れ歯を入れ、洗浄剤で汚れを浮かします
③ 入れ歯を取り出し、よく水ですすぎます

4. 入れ歯をつけます

利用者にうがいをしてもらいます。
入れ歯をよくすすぎ、上の入れ歯から装着します。
しっかり収まったことを確認してから、ゆっくりと咬み合わせましょう。

〈総入れ歯の入れ方〉

- 入れるときは、上の入れ歯を先にする
  前歯の部分をつまんで斜めにし、口に入れる
  入れ歯の床の中央部分を親指で押さえて、上あごにゆっくり押しつける

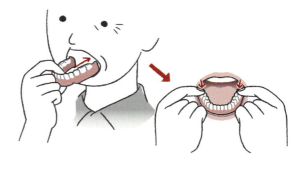

- 次に下の入れ歯を入れる
  前歯の部分をつまんで、斜めに口に入れる
  両手の人差し指を左右の奥歯の部分にあて、下あごに沿って静かに押し込む
  しっかり収まったことを確認してから、ゆっくり咬み合わせる

◯ 就寝時の入れ歯の保管

かかりつけ歯科医の意見に従いましょう。
基本的には、夜間は入れ歯をはずし、水をはった専用ケースに入れて保管します。
はめたまま就寝する習慣のある人は、眠る前にしっかり清掃してから装着します。

その場合も、歯肉を休ませるため、3日に1度程度はずして就寝しましょう。

> **就寝時に入れ歯をはずしておく理由**
> ・あごや歯茎、粘膜を休ませる
> ・就寝時の唾液分泌量低下による細菌の増殖を少なくする
> ・小さな部分入れ歯の誤飲を防ぐ

口腔機能を向上させるマッサージと体操

〈唾液腺マッサージ〉

唾液分泌量を増やすためには、うがいや、唾液腺マッサージが有効です。3カ所の唾液腺を、力を入れず、指で軽く圧迫するように、やさしくマッサージします。はじめる前に、「今から唾液腺マッサージをします」と声をかけましょう。食事の前が効果的です。

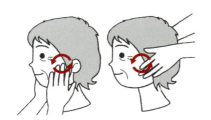

①耳下腺（じかせん）
上の奥歯あたりのほおに指をあて、後ろから前へ小さな円を描くようにやさしく押す（5〜10回）

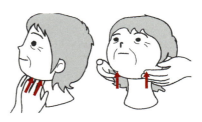

②顎下腺（がっかせん）
あごの骨の内側の柔らかい部分を、耳の下からあごの先に向かって、指でやさしく押す（5〜10回）

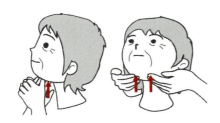

③舌下腺（ぜっかせん）
あご先のとがった部分の内側を、舌を押し上げるように両手でやさしく押す（5〜10回）

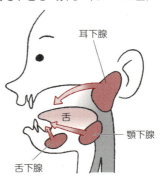

●唾液腺の分布

〈嚥下体操〉

　日中、誰とも話さずにテレビを黙って見続けていたり、ベッドにずっと寝ていたりすると、食べようとしてもうまく口やほおが動かず、唾液も出てきません。食事の前に準備体操をして、口周辺の筋肉をほぐしましょう。

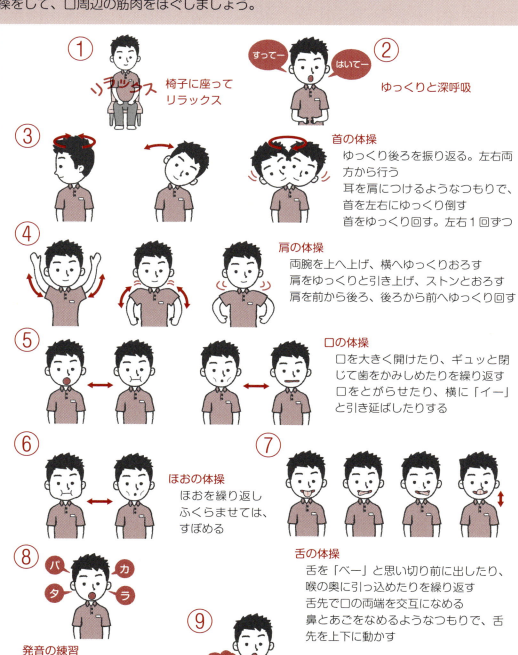

3・3 耳垢の除去

OK! 原則として医行為ではない
耳垢（みみあか・じこう）の除去

NG! 医療職に依頼
耳垢塞栓（じこうそくせん）（耳穴がふさがるほど）や、外耳炎などの病気が疑われる場合の耳垢除去

基礎知識

● 耳の構造と耳掃除

耳垢は、耳の入口から約1cmのところまでにある外耳道軟骨部に存在している「耳垢腺」から分泌される物質（清浄作用や殺菌作用を持つといわれる）と、皮膚の垢（あか）や粉塵（ふんじん）などが混ざって形成されます。

鼓膜の表面から耳の入り口に向かって常に細胞が動き、耳垢を押し出そうとする力が働いているので、余分な耳垢は自然に外へ排出されます。

したがって、耳掃除は、耳の入口から約1cmまで、頻度は月2回程度で十分です。

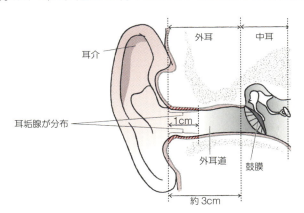

● 耳のトラブル

耳垢塞栓	外耳炎
多量の耳垢が固まり、耳の穴をふさいでいる状態。誤った耳掃除で、耳垢を耳の奥へ押し固めてしまうことでも起こります。難聴や「耳がこもったような感じ」の症状のほか、人によっては耳鳴り、頭痛、肩こり、めまい、のぼせなどの影響がでる人もいます。	外耳道が傷ついて細菌感染を起こし、炎症や湿疹になったもの。耳掃除のやり過ぎ、触り過ぎも原因の一つです。耳の穴が腫れているほか、耳だれ（耳から膿（うみ）やさらさらした分泌液が出てくる状態。中耳や外耳の病気による症状）があるときや、外耳道が極端に狭いような場合は、耳鼻咽喉科の受診が必要です。

手順

1. 用具を準備し、利用者に椅子に座ってもらいます

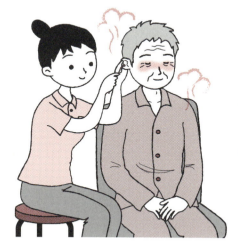

- 介護職は耳の中が見える位置に座る 耳の中が適度に湿った入浴後に行うと、掃除しやすい
- 明るい照明の下、または日光が入る位置

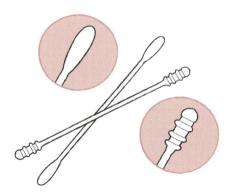

- 綿棒
  細目の綿棒。粘着性のある耳掃除専用綿棒もある

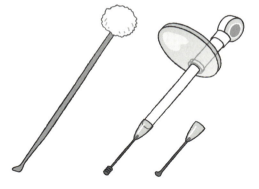

- 耳かき
  竹製、ライト・拡大レンズ付きもある

2. 綿棒を耳穴に対してまっすぐ、ゆっくりと入れます

入口から1cmまで入れたら、そのままゆっくりと、クルクル回します。
耳垢がカサカサして取りにくいときは、少量のベビーオイルを綿棒につけると取りやすくなります。
耳垢が多量にあっても、取るのは1cmのところまで。奥の耳垢はそのまま残します。

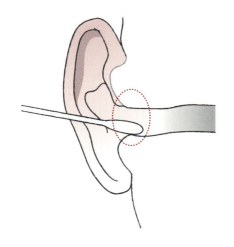

- 綿棒などを挿入するのは、耳の入り口から約1cmまで
- 耳の粘膜や鼓膜を傷つけたり、耳垢を奥に押し込んでしまったりする危険があるため、綿棒や耳かきを奥まで入れるのはNG！

綿棒を耳の壁に押しつけたり、強くこすったりしないで！

○ こんなときは中止し、管理者や医療職に報告します

・利用者が痛みを訴えたり、嫌がったりするとき
・出血があったとき

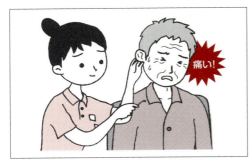

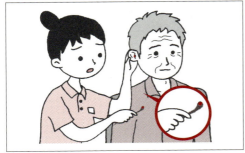

耳鼻咽喉科での耳掃除

耳鼻咽喉科では、医療保険適用で耳垢の除去をしてもらえます。耳垢水（耳垢塞栓の治療で処方される薬）で耳垢をやわらかくしたり、吸引したり、専用のピンセットで取り出したりします。

鼻腔粘膜への薬剤噴霧の介助

鼻腔内に投与する薬剤(点鼻薬)には、噴霧、滴下などの投与方法がありますが、介護職が行えると厚生労働省の通知に明記されているのは「噴霧」薬の介助のみです。

花粉症などに用いられる血管収縮薬は、数分で鼻づまりが改善しますが、医師の指示を守らず頻回に使用したり、長期間使い続けると、副作用が出たり、粘膜が厚くなって鼻づまりが悪化することもあるので、注意が必要です。

もし1回量が少なくなってしまっても、勝手に追加投与はNG!

手順

1. 本人確認し、点鼻薬の使用を説明します

座位または半座位をとってもらいます。
鼻がつまっていたら、やさしくかんでもらいます。

2. うつむき加減の姿勢で、鼻腔に薬剤を噴霧します

容器をよく振ってから、片方の鼻に容器の先端を入れて噴霧します。
噴霧回数や呼吸の仕方は薬剤によって異なるので、医療職に確認しましょう。

● 容器の底を押し上げると、薬剤が噴霧される

イチ、ニの、サン、と声をかけてプッシュ

うつむくことで奥まで投与できる

3. 頭を軽く後ろに傾けます

点鼻薬が浸透するよう、数秒間、鼻でゆっくり呼吸してもらいます。
容器の先端を清浄綿で拭いて、ふたをします。

第 4 章

その他の医行為でない行為

排泄ケアの重要性は言うまでもありませんが、疾患や手術の結果、ストマを造設したり、尿路カテーテルを挿入しての排泄は、利用者さんにとって、精神的にも肉体的にも大きな負担になるものです。介護職は、利用者の負担を少しでも軽減できるよう、必要物品の準備や環境の整備、安楽な姿勢の保持など、適切なサポートを行うための正しい知識を身につけましょう。

4.1 ストマ装具の交換・排泄物処理

OK！ | 原則として医行為ではない
- ストマ装具のパウチにたまった排泄物の処理（廃棄）
- ストマおよびその周辺の状態が安定している場合のパウチの交換

NG！ | 医療職に依頼
ストマ周辺に皮膚トラブルがあるなど、専門的な管理が必要とされる場合

　ストマ（ストーマ）は、手術によって腹壁に造設された開口部のことです。大便を排泄するための消化管ストマ（いわゆる人工肛門）と、人工膀胱の尿の排泄口である尿路ストマがあり、ここでは人工肛門について解説します。
　介護職は、ストマ装具のパウチ（排泄物を受ける袋）にたまった排泄物の処理、そして周囲の皮膚にトラブルがなければ、肌に装着したパウチの交換を行うことができます。

基礎知識

● 消化管ストマの種類と排泄物の特徴

　消化管ストマは、がんの手術などで腸の一部を切除し、自然排便ができなくなる場合に、腸の端を腹部の孔から引き出して排泄できるようにするものです。ストマをどこに造設したかにより、排泄される便の形状や量が変わります。また、ストマは造設位置にかかわらず下痢や便秘になりやすく、食べ物の影響も受けやすくなっています。

〈小腸ストマ〉
（回腸ストマ、イレオストミー）

- 通常は腹部の右側に造設
  1日約800ml以上の水様便（下痢便）

〈上行結腸ストマ〉
（右側腹部）

〈横行結腸ストマ〉
（腹部中央）

- 1日約300〜500ml程度の泥状便（ヨーグルト様）

〈下行結腸ストマ〉

〈S状結腸ストマ〉

- 1日約100〜200g程度の有形便（肛門からの便とよく似た状態）

〇 装具の種類と構造

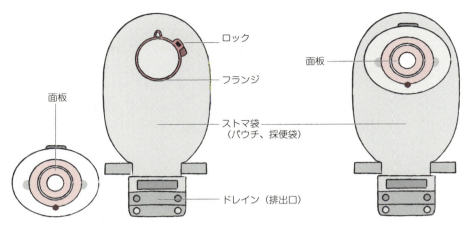

●ツーピース型（面板とパウチが別々）　●ワンピース型（面板とパウチが一体化）

〇 ストマの合併症（周囲の皮膚トラブル）

手術後の早い段階に起こるものと、退院後の長い年月の中で生じるものがあります。

トラブルのないストマは、ただれ・ふやけなどの皮膚障害がなく、ストマの粘膜はピンク色をしています。

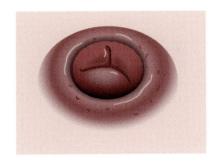

〇 ストマと日常生活

- 食事は特に制限なし。便秘や下痢が頻回にあるときは、食事内容を工夫します。
- 下痢が続く場合は、原因を検討し対策をとると同時に、スポーツ飲料などで水分補給をして脱水に注意します。便秘の場合、下剤の服用を試みることもあります。
- 便やガスの排出をコントロールできないため、人前でガスが出たときに、音で不愉快な思いをすることがあります。ガスが出るときに装具の袋に手を当てると、音を抑えることができます。
- 自宅で入浴するとき、ストマ装具を取りはずして浴槽に入っても、つけたまま入っても、どちらでもOKです。腹腔内圧の方が浴槽内の水圧より高いため、お湯がストマから体内に入り込むことはないので、安心して入浴しましょう。
- 睡眠前は、パウチの内容物を出して空にしておきます。

stomaはギリシャ語で「口」の意味です。

手順 ● パウチの排泄物の処理

1. 必要物品を準備します

〈必要物品〉

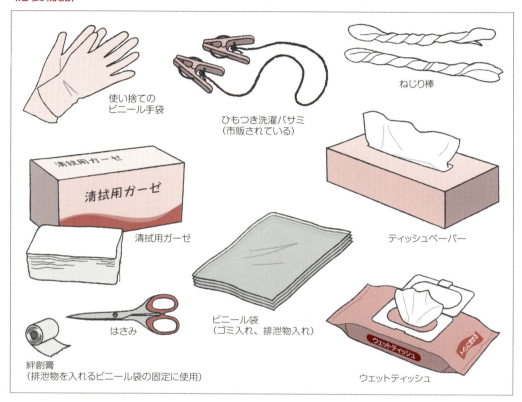

〈ねじり棒の作り方〉

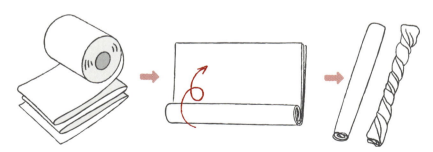

- トイレットペーパーを20cm程度の長さで、10回くらい折り返す
  端から細長くたたんでねじり、棒状にする
  2〜3本、用意する

2. 利用者は、椅子またはトイレに座ります

介護職は使い捨ての手袋を着けます。

- ひもつき洗濯バサミで、たくし上げた服をはさみ、首のうしろにひもを回す

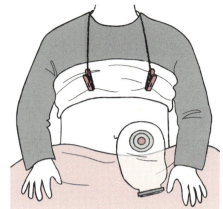

3. パウチの中の便を、ビニール袋に排出します

パウチの排出口の下からビニール袋をかぶせて、絆創膏で服に留めます。
便の性状に合わせて排出口を開き、ビニール袋に便を落とします。

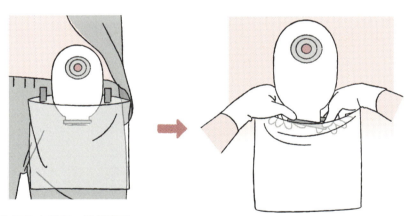

- ビニール袋の上部を、絆創膏で服にとめる

4. 排出口に付着した便をふき取ります

トイレットペーパーを重ねたねじり棒で、パウチの排出口を拭きます。
最後に、トイレに流せるウェットティッシュでふき取るのもよいでしょう。

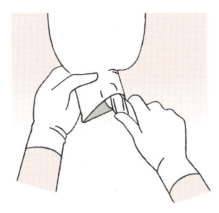

5. パウチの排出口を折り返して留めます

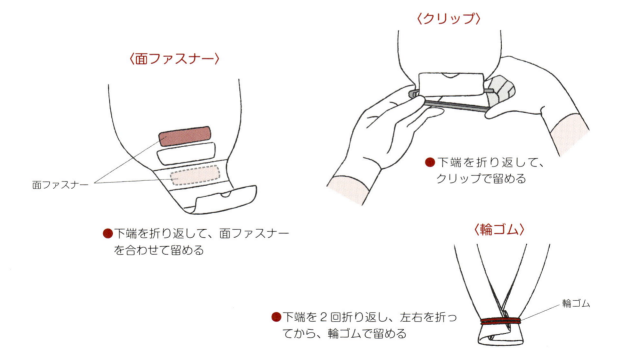

〈面ファスナー〉

面ファスナー

● 下端を折り返して、面ファスナーを合わせて留める

〈クリップ〉

● 下端を折り返して、クリップで留める

〈輪ゴム〉

輪ゴム

● 下端を2回折り返し、左右を折ってから、輪ゴムで留める

第4章 ● その他の医行為でない行為

手順 ●ストマ装具の交換

ストマ装具は、定期的な交換が必要です（3～5日に1回程度。装具により異なる）。

ストマと面板の孔のサイズが合っていないと、排泄物が漏れて周囲の皮膚に付着し、かゆみや赤み、腫れなどの原因になります。最もかぶれやすいのは、消化酵素がより多く含まれている小腸ストマの排泄物です。

また、排泄物が漏れないように装具をしっかり固定し、皮膚を清潔に保っていても、粘着剤による接触性皮膚炎が起こることもあります。その場合は、医療職と連携し、別の装具に交換して様子をみます。

○ 排泄物によるかぶれを防ぐポイント
＝面板の不適合による排泄物の漏れを防ぐ
- 装具交換の間隔を確認する
- 装具を貼付するときに、適度にしわを伸ばす
- 面板の孔の大きさを調節する
- 体重、体型変化に注意する

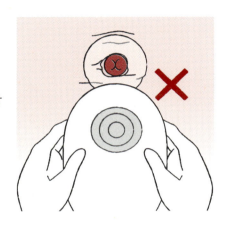

○ 準備するもの

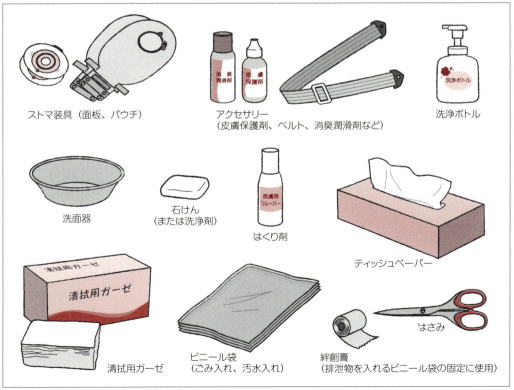

○ 面板の準備

- カッティングゲージでストマのサイズを図る
面板の中央を、ストマより2～3mm大きく（ストマ周囲に1～2mmのアキができるように）カットする

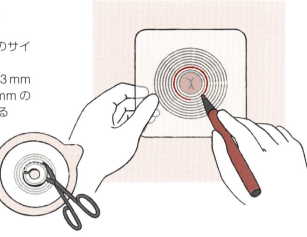

1. 古い装具をはずします

介護職は石けんと流水で手を洗い、両手に清潔な使い捨て手袋を着けます。
利用者は椅子に浅く腰かけてもらいます。
皮膚に付着している面板を、ゆっくりはがします。はがれにくいときや、皮膚保護剤がべたつくときは、はくり剤を使います。

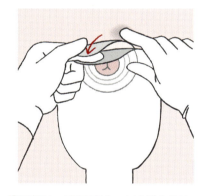

● 面板は一度にベリッとはがさない

2. ストマ周囲の皮膚を洗います

石けんをよく泡立てて、ストマ周囲を洗います。
石けん成分を、ガーゼなどで包み込むようにふき取るか、またはぬるま湯で洗い流し、皮膚を十分に乾かします。

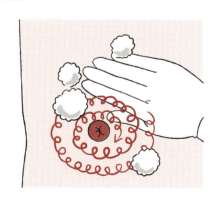

- 皮膚を洗うとき、ゴシゴシこすらない
ストマの腸粘膜の部分はこすらず、軽く拭く程度に

3. 準備した装具を貼ります

面板の裏紙をはがす前に、ストマにあてて孔のサイズを確認します。
ストマ周囲の皮膚のしわを伸ばしながら、新しい装具（面版）をしっかり皮膚に密着させます。
パウチは空気を抜いて固定し、排出口をクリップなどで閉じます。

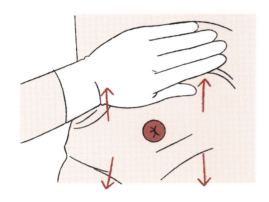

パウチに消臭潤滑剤をスプレーしておくと、処理が楽で臭いも気になりません！

● 身体障害者手帳の交付

ストマ造設者は「オストメイト」と呼ばれ、身体障害者福祉法による内部障害として、身体障害者手帳を取得することができます。

〈身体障害者手帳の申請と受けられるサービス〉

対　象	永久造設のストマ
申請時期	ストマ造設後すぐに申請可能
障害等級	・消化器または尿路のストマどちらか1つの場合：4級 ・両方（ダブルストマ）の場合：3級 ・ほかの障害もある場合：1級
身体障害者手帳で受けられるサービス	・ストマ装具の給付 ・JR運賃、国内航空運賃等の割引 ・バス料金、タクシー料金、有料道路料金等の割引 ・税金の減免、医療費控除　など

●オストメイトマーク

● 災害への対応

オストメイトにとって、災害時のストマ装具の確保はとても重要です。

自　助		・自宅に予備の装具を保管し、災害発生に備えておく ・災害時の避難には装具を持ち出し、避難所では十分に注意してトラブルを未然に防ぐ
共　助		・日頃からオストメイト仲間との連絡網を作り、いざという時の助け合いの輪を広げておく ・災害発生時、日本オストミー協会への一報も役に立つ
公　助		・災害時における装具販売店からのストマ装具の緊急輸送、避難所でのストマ装具支給、ストマ外来の緊急対応など

4.2 自己導尿の補助

OK！ 原則として医行為ではない
自己導尿のカテーテル準備や体位の保持、後片づけ

NG！ 医療職に依頼
自己導尿のカテーテルの挿入（医療職、または利用者自身が行う）

　自己導尿法（清潔間欠導尿）は、残尿をなくすために尿道からカテーテルを入れて、時間ごとに尿を排出する方法です。カテーテルの挿入はあくまで利用者自身で行い、介護職が行うのはNGです。介護職はカテーテルの準備と後片づけ、トイレで体を支えるなどの介助ができます。

基礎知識

● 排尿のしくみと排尿障害

　血液は腎臓でろ過され、体に不必要な塩分、水分、老廃物などが尿として排泄されます。
　尿量が一定量を超える（約300ml）と膀胱内圧が急激に上昇し、脊髄感覚神経を介して、大脳の排泄中枢に尿意が伝わって、大脳での状況判断により排泄行動、または排尿の抑制が行われます。
　1日の尿量は約1500～2000mlです。

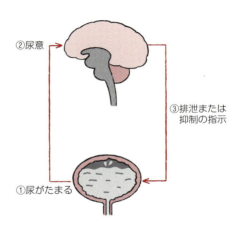
①尿がたまる
②尿意
③排泄または抑制の指示

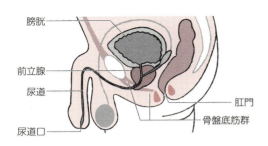
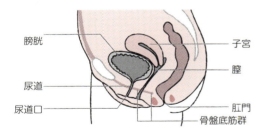

〈男性の排尿障害〉
加齢とともに前立腺にコブのようなものができて尿道を圧迫し、頻尿や排尿困難などの問題が生じた場合、前立腺肥大症と呼ぶ。
50歳以上の男性3～4人に1人が肥大しているといわれるが、必ずしも症状を引き起こすとは限らない。

〈女性の排尿障害〉
膀胱、膣、子宮、直腸などを支え、尿道や膣、肛門を締める役割を果たす骨盤底筋群は、出産や肥満、運動不足などが原因でゆるむ傾向があり、その結果、膀胱が下がって尿道を締める力が正しく働かなくなるため、尿が漏れやすくなる。また、月経前や更年期、閉経後の女性ホルモンの影響や、妊娠や子宮筋腫などにより膀胱が圧迫されることも、尿漏れの原因となる。

	排尿障害の原因	治療・対応
膀胱や尿道の圧迫・狭窄	男性：前立腺がんや前立腺肥大症による尿道狭窄など 女性：膀胱瘤（膀胱が腟に向かって下がり腟口から突出）など	手術や内服薬による回復が可能
神経障害	脳血管障害、腰椎ヘルニア、脊髄損傷、糖尿病、大腸がんや子宮がん手術など、さまざまな原因による神経障害	内服薬による治療は可能だが、効果が不十分な場合は間欠的導尿が必要

◯ 排尿障害と残尿

　尿道狭窄や神経障害による排尿困難で、多量の残尿が続くと、膀胱や腎臓への悪影響が出てきます。

　腎臓　尿が逆流して水腎症や腎盂腎炎などが生じ、腎機能の低下につながる
　膀胱　膀胱の機能が低下し、血流障害とともに感染のリスクが高くなる

　自己導尿により残尿をなくすことで、こうした感染や機能障害のリスクを減少させ、支障なく生活できるようになります。

　自己導尿が難しい場合には、尿道から膀胱にカテーテルを入れて留置し、蓄尿袋にためる（持続的導尿、尿道留置カテーテル）方法もあります。

◯ 自己導尿を行うメリット

- 尿道留置カテーテルや蓄尿袋からの解放
    - 海水浴や共同浴場もOK
    - 体動制限がなく、普通の社会生活が可能
- 排尿機能の回復・腎機能の保持
    - 頻尿や尿失禁の改善
    - 定期的な膀胱の伸縮により排尿機能の回復を促進
    - 膀胱内を低圧に維持することで腎機能を保持
- 合併症のリスク低減
    - 一定時間ごとの導尿によって残尿をなくすことで、尿中の細菌数の増加を防止

第4章 ● その他の医行為でない行為

| 手 | 順 | ● カテーテル挿入の準備・後片づけ（介護職の補助OK） |

○ 必要物品

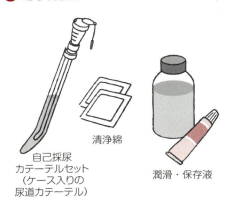

1. 石けんと流水で手を洗います

利用者にも手洗いを促し、手の清潔を確認します。

2. トイレなどで衣類を下げ、導尿しやすい姿勢を整えます

安全で安楽に座位が保てるよう、姿勢を整えます。
利用者に清浄綿を渡し、尿道口を拭いてもらいます（91ページ①）。

● 椅子やベッド上の場合は、防水シートを敷いて行う

89

3. 利用者にカテーテルを手渡します

ケースからカテーテルを取り出して、利用者に渡します。
必要な場合はカテーテルの先端部分に潤滑剤をつけます。

右ページ　カテーテルの挿入・排尿（介護職による実施はNG）

4. 排尿がスムーズにできるようにサポートします

尿器に排尿する場合は、利用者の腕や尿器に手を添えて支えます。
その際、カテーテルの先端が尿の中に入らないよう注意します。

5. カテーテルを片づけます

排尿が済んだら、利用者からカテーテルを受け取り、内側・外側を流水で洗います。カテーテルの水をよく切って、消毒液の入ったケースに戻します。

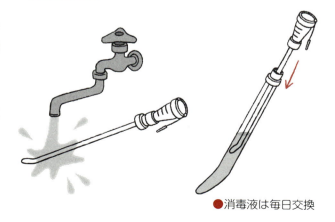

●消毒液は毎日交換

第 4 章 ● その他の医行為でない行為

| 参 考 | ● カテーテルの挿入・排尿（介護職による実施はＮＧ） |

①片方の手で男性は陰茎を持ち、女性は陰唇を開きます

もう一方の手に清浄綿を持ち、尿道口を図のように拭きます。

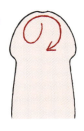

〈男性〉
● 尿道口から外側へ「の」の字を書くように拭く

〈女性〉
● 前から後ろへ「小」の字を書くように拭く

②カテーテルを尿道口に挿入します

リラックスして深呼吸をしながら、男性は10～20cm、女性は5～6cm、カテーテルを挿入します。

> 排尿することをイメージしながら挿入するよう、声をかけましょう！

〈男性〉

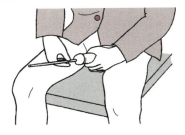

● 片手で陰茎を持ち上げ、もう一方の手で鉛筆を持つようにカテーテルを持ち、10～20cmゆっくり挿入

〈女性〉

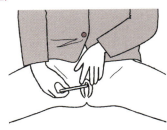

● 片手で陰唇を広げ、やや上向きに5～6cm挿入
尿道口がわかりにくいときは、鏡やペンライトで確認する

③排尿が終わったら、カテーテルをゆっくり抜きます

尿道口を清潔にし、衣服を整え、手を洗います。

医師法第17条、歯科医師法第17条及び保健師助産師看護師法第31条の解釈について

(厚生労働省医政局長通知／医政発第0726005号／平成17年7月26日)

　医師、歯科医師、看護師等の免許を有さない者による医業(歯科医業を含む。以下同じ。)は、医師法第17条、歯科医師法第17条及び保健師助産師看護師法第31条その他の関係法規によって禁止されている。ここにいう「医業」とは、当該行為を行うに当たり、医師の医学的判断及び技術をもってするのでなければ人体に危害を及ぼし、又は危害を及ぼすおそれのある行為(医行為)を、反復継続する意思をもって行うことであると解している。

　ある行為が医行為であるか否かについては、個々の行為の態様に応じ個別具体的に判断する必要がある。しかし、近年の疾病構造の変化、国民の間の医療に関する知識の向上、医学・医療機器の進歩、医療・介護サービスの提供の在り方の変化などを背景に、高齢者介護や障害者介護の現場等において、医師、看護師等の免許を有さない者が業として行うことを禁止されている「医行為」の範囲が不必要に拡大解釈されているとの声も聞かれるところである。

　このため、医療機関以外の高齢者介護・障害者介護の現場等において判断に疑義が生じることの多い行為であって原則として医行為ではないと考えられるものを別紙の通り列挙したので、医師、看護師等の医療に関する免許を有しない者が行うことが適切か否か判断する際の参考とされたい。

　なお、当然のこととして、これらの行為についても、高齢者介護や障害者介護の現場等において安全に行われるべきものであることを申し添える。

別紙
1　水銀体温計・電子体温計により腋下で体温を計測すること、及び耳式電子体温計により外耳道で体温を測定すること
2　自動血圧測定器により血圧を測定すること
3　新生児以外の者であって入院治療の必要がないものに対して、動脈血酸素飽和度を測定するため、パルスオキシメータを装着すること
4　軽微な切り傷、擦り傷、やけど等について、専門的な判断や技術を必要としない処置をすること(汚物で汚れたガーゼの交換を含む。)
5　患者の状態が以下の3条件を満たしていることを医師、歯科医師又は看護職員が確認し、これらの免許を有しない者による医薬品の使用の介助ができることを本人又は家族に伝えている場合に、事前の本人又は家族の具体的な依頼に基づき、医師の処方を受け、あらかじめ薬袋等により患者ごとに区分し授与された医薬品について、医師又は歯科医師の処方及び薬剤師の服薬指導の上、看護職員の保健指導・助言を遵守した医薬品の使用を介助すること。具体的には、皮膚への軟膏の塗布(褥瘡の処置を除く。)、皮膚への湿布の貼付、点眼薬の点眼、一包化された内用薬の内服(舌下錠の使用も含む)、肛門からの坐薬挿入又は鼻腔粘膜への薬剤噴霧を介助すること。

(1)　患者が入院・入所して治療する必要がなく容態が安定していること
(2)　副作用の危険性や投薬量の調整等のため、医師又は看護職員による連続的な容態の経過観察が必要である場合ではないこと

(3) 内用薬については誤嚥の可能性、坐薬については肛門からの出血の可能性など、当該医薬品の使用の方法そのものについて専門的な配慮が必要な場合ではないこと

注1 以下に掲げる行為も、原則として、医師法第17条、歯科医師法第17条及び保健師助産師看護師法第31条の規制の対象とする必要がないものであると考えられる。
(1) 爪そのものに異常がなく、爪の周囲の皮膚にも化膿や炎症がなく、かつ、糖尿病等の疾患に伴う専門的な管理が必要でない場合に、その爪を爪切りで切ること及び爪ヤスリでやすりがけすること
(2) 重度の歯周病等がない場合の日常的な口腔内の刷掃・清拭において、歯ブラシや綿棒又は巻き綿子などを用いて、歯、口腔粘膜、舌に付着している汚れを取り除き、清潔にすること
(3) 耳垢を除去すること(耳垢塞栓の除去を除く)
(4) ストマ装具のパウチにたまった排泄物を捨てること。(肌に接着したパウチの取り替えを除く。)
(5) 自己導尿を補助するため、カテーテルの準備、体位の保持などを行うこと
(6) 市販のディスポーザブルグリセリン浣腸器(※)を用いて浣腸すること
　※　挿入部の長さが5から6cm程度以内、グリセリン濃度50%、成人用の場合で40g程度以下、6歳から12歳未満の小児用の場合で20g程度以下、1歳から6歳未満の幼児用の場合で10g程度以下の容量のもの

注2 上記1から5まで及び注1に掲げる行為は、原則として医行為又は医師法第17条、歯科医師法第17条及び保健師助産師看護師法第31条の規制の対象とする必要があるものでないと考えられるものであるが、病状が不安定であること等により専門的な管理が必要な場合には、医行為であるとされる場合もあり得る。このため、介護サービス事業者等はサービス担当者会議の開催時等に、必要に応じて、医師、歯科医師又は看護職員に対して、そうした専門的な管理が必要な状態であるかどうか確認することが考えられる。さらに、病状の急変が生じた場合その他必要な場合は、医師、歯科医師又は看護職員に連絡を行う等の必要な措置を速やかに講じる必要がある。

　また、上記1から3までに掲げる行為によって測定された数値を基に投薬の要否など医学的な判断を行うことは医行為であり、事前に示された数値の範囲外の異常値が測定された場合には医師、歯科医師又は看護職員に報告するべきものである。

注3 上記1から5まで及び注1に掲げる行為は原則として医行為又は医師法第17条、歯科医師法第17条及び保健師助産師看護師法第31条の規制の対象とする必要があるものではないと考えられるものであるが、業として行う場合には実施者に対して一定の研修や訓練が行われることが望ましいことは当然であり、介護サービス等の場で就労する者の研修の必要性を否定するものではない。また、介護サービスの事業者等は、事業遂行上、安全にこれらの行為が行われるよう監督することが求められる。

注4 今回の整理はあくまでも医師法、歯科医師法、保健師助産師看護師法等の解釈に関するものであり、事故が起きた場合の刑法、民法等の法律の規定による刑事上・民事上の責任は別途判断されるべきものである。

注5 上記1から5まで及び注1に掲げる行為について、看護職員による実施計画が立てられている場合は、具体的な手技や方法をその計画に基づいて行うとともに、その結果について報告、相談することにより密接な連携を図るべきである。上記5に掲げる医薬品の使用の介助が福祉施設等において行われる場合には、看護職員によって実施されることが望ましく、また、その配置がある場合には、その指導の下で実施されるべきである。

注6 上記4は、切り傷、擦り傷、やけど等に対する応急手当を行うことを否定するものではない。

索引

五十音順

あ行

医行為	3-4, 19, 56-58, 92
医行為で（は）ない行為	2, 3, 92
潤い療法	25
液剤	56
嚥下体操	72
横行結腸ストマ	78
オストメイト	85, 86
オブラート	43
温罨法	55
温湿布	34, 36

か行

加圧噴霧式（吸入薬）	57
外耳炎	73
下行結腸ストマ	78
カテーテル（尿道）	87-91
かぶれ	29, 36, 39, 83
眼軟膏	37, 56
陥入爪	62
義歯洗浄剤	70
義歯専用歯ブラシ	69
義歯（の清掃）	68-70
吸入薬	57
グリセリン浣腸	50
経皮吸収型製剤	34, 56
下剤	50, 55, 79
血圧値（成人における分類）	13
抗凝固薬	23
口腔乾燥症	64
光線過敏症	36
誤嚥性肺炎	63, 64

さ行

残尿	87, 88
耳介	10, 11, 73
歯間ブラシ	64, 68
耳垢塞栓	73, 75
歯周病	64
舌ブラシ	64, 67
湿潤療法	25
自動血圧計	13
重層法	32, 33
消化管ストマ	78
上行結腸ストマ	78
小腸ストマ	78, 83
上腕測定式自動血圧計	13, 14-15
褥瘡	22, 28, 29
除脈	19
身体障害者手帳	85
水銀体温計	8
水疱	22, 27
水溶性坐剤	47
スクエアオフ	61
スポンジブラシ	64, 67
生理的変動	8, 12
総入れ歯	68-70
総頸動脈	19

た行

唾液腺マッサージ	71
単純塗布法	32
腟坐薬	58
腟錠	58
直腸	46, 50, 87
爪白癬	62
爪水虫	62
爪やすり	60, 62
テープ剤	34

低温やけど	26, 55
電子体温計	2, 8-11, 92
デンタルフロス	64, 68
橈骨動脈	19, 20
糖尿病	23, 26, 41, 60, 62, 88
動脈血酸素飽和度	16, 18
ドライパウダー式（吸入薬）	57
ドライマウス	64
トローチ	58

な行

軟膏ツボ	30
日内変動	8, 12
尿路ストマ	78
ねじり棒	80, 82
ネブライザー	57
飲み合わせ（薬と飲食物）	45

は行

バームグリップ	66
バイタルサイン	7, 19
排尿障害	87-88
破傷風	23
パップ剤	34
ひもつき洗濯バサミ	80, 81
頻脈	19, 39
フィンガーチップユニット	30
腹部のマッサージ	55
服薬ゼリー	43
不織布	24
不整脈	19
部分入れ歯	69, 71
ブリストル便性状スケール	54
プローブ（耳式体温計）	8-11
噴霧剤	57
平熱	8
ペングリップ	66
便のアセスメント	54
便秘	46, 50, 55, 78, 79
蜂窩織炎	23

ま行

巻き爪	61, 62
マンシェット	13-15
密封療法	33
耳かき	74, 75
耳式電子体温計	10-11
耳掃除	73-75
面板	79, 83-85
綿棒	10, 64, 67, 74, 75
モイストヒーリング療法	25

や行

薬用洗口剤	68
やけど	22, 23, 26-28
油脂性坐剤	47

ら行

冷湿布	34
ローション	29, 30
ワーファリン	23, 45

アルファベット

ＦＴＵ	30
ＰＴＰ包装シート	40, 58
Ｓ状結腸ストマ	78

- ●編著者プロフィール
  - **渡辺裕美**（わたなべ　ひろみ）
    - 東洋大学ライフデザイン学部生活支援学科教授
    - 博士（社会福祉学）・介護福祉士・保健師・看護師・介護支援専門員
- ●著者プロフィール
  - **藤澤雅子**（ふじさわ　まさこ）
    - 淑徳大学短期大学部健康福祉学科教授
    - 看護師・社会福祉士・介護支援専門員
  - **秋山恵美子**（あきやま　えみこ）
    - 聖隷クリストファー大学社会福祉学部介護福祉学科助教
    - 修士（スポーツ科学）・看護師・介護支援専門員・介護福祉士
  - **大牟田佳織**（おおむた　かおり）
    - 株式会社メディカルプラネット専任講師
    - 看護師・介護福祉士

メディカル介護シリーズ
介護職にできる「医行為でない行為」ビジュアルガイド
―爪切りはOK？ 浣腸はNG？／安全で正しい手順がイラストでまるわかり！

2016年7月15日発行　第1版第1刷©

編著者	渡辺　裕美
著　者	藤澤　雅子／秋山　恵美子／大牟田　佳織
発行者	長谷川　素美
発行所	株式会社メディカ出版 〒532-8588 大阪市淀川区宮原3-4-30 ニッセイ新大阪ビル16F http://www.medica.co.jp/
編集担当	髙野有子
編集協力	北川晶子／安東瑠美子
装　幀	スタジオ・バード　塩貝　徹
本文イラスト	小佐野 咲／福井典子
印刷・製本	株式会社シナノ パブリッシング プレス

本書の複製権・翻訳権・翻案権・上映権・譲渡権・公衆送信権（送信可能化権を含む）は、（株）メディカ出版が保有します。

ISBN978-4-8404-5777-4　　　　　　　　　　　　　　　Printed and bound in Japan

当社出版物に関する各種お問い合わせ先（受付時間：平日9：00～17：00）
- ●編集内容については、編集局　06-6398-5048
- ●ご注文・不良品（乱丁・落丁）については、お客様センター　0120-276-591
- ●付属のCD-ROM、DVD、ダウンロードの動作不具合などについては、デジタル助っ人サービス　0120-276-592